Q&Aでよくわかる

消費税インボイス対応要点ナビ

税理士　熊王 征秀〔著〕

日本法令

はじめに

　令和5年10月から導入される適格請求書等保存方式（日本型インボイス制度）については、本年10月から登録申請がスタートします。インボイスの登録が必要となるのは課税事業者だけではありません。免税事業者についても、取引先からインボイスの発行を要請され、事業継続のために納税を覚悟の上で登録せざるを得ないケースも多いものと思われます。したがって、インボイス制度の内容や登録のメリットとデメリットを検討した上で、早めに準備を進めていく必要があるのです。

　本書では、インボイスに関する知識がゼロの方を対象に、本番に向けた準備と実務上の留意点について、Q&A形式でポイントを確認していきます。日本型インボイス制度については、本番に向けた準備がすべてです。本番前にしっかりと準備をしておけば、そんなに厄介な改正ではないのです。言い換えれば、事前準備を怠ったままで本番に突入するようなことになれば、取り返しのつかないことにもなりかねないということです。

　本書をうまく利用して、しっかりと事前準備をするようにしてください。

　なお、電子帳簿保存法の改正に伴い、電子インボイスに関する取扱いが今後大きく変わることが予想されますので、本書では、あえて電子インボイスに関する詳細については触れないこととしました。今後の情報を待ちたいと思

i

います。あらかじめご了承ください。

　本書が実務に携わる皆様のお役に立てば、これに勝る喜びはありません。

　　令和3年6月

　　　　　　　　　　　　　　　　　　熊王　征秀

目　次

第1章　インボイス制度の概要

Q1	1	消費税の基本的なしくみ ……………………… 2
Q2	2	単段階課税と多段階課税 ……………………… 4
Q3	3	インボイスとは？ …………………………… 6
Q4	4	インボイスが導入されるとどうなる？ …… 8
Q5	5	インボイスの導入時期 ……………………… 10
Q6	6	区分記載請求書等保存方式とは？ ………… 12

第2章　登録の準備をはじめよう！

Q7	1	登録申請 ……………………………………… 18
Q8	2	適格請求書発行事業者登録制度① ………… 20
	コラム	物品税 ……………………………………… 23
Q9	3	適格請求書発行事業者登録制度② ………… 24
Q10	4	免税事業者はどうなる？ …………………… 26
Q11	5	免税事業者の準備 …………………………… 28
Q12	6	インボイスはいつから発行できる？ ……… 32
Q13	7	免税事業者が登録申請するケース ………… 33
Q14	8	令和5年10月1日から登録する場合の申請期限 ……………………………………… 34

iii

Q15	9	免税事業者が令和5年10月1日から登録する場合 ······· 36
Q16	10	登録した免税事業者が簡易課税の適用を受けようとする場合 ······· 38
Q17	11	登録事項の変更 ······· 40
Q18	12	登録の効力① ······· 44
Q19	13	登録の効力② ······· 46
Q20	14	登録国外事業者の取扱い ······· 51

第3章 登録番号とインボイスの記載事項

Q21	1	登録番号 ······· 56
Q22	2	施行前に登録番号を記載することはできるか？ ······· 58
Q23	3	インボイスの記載事項と記載例① ······· 60
Q24	4	インボイスの記載事項と記載例② ······· 64
Q25	5	簡易インボイスとは？ ······· 66
Q26	6	返品や値引きをした場合にも書類の発行が必要！ ······· 70
	コラム	売上税 ······· 74

第4章 適格請求書発行事業者の義務

Q27	1	インボイスの交付義務と修正	76
Q28	2	委託販売と受託販売	78
Q29	3	インボイスの交付が免除される取引	80
Q30	4	電子インボイス	82
Q31	5	インボイスの保存義務	84
Q32	6	偽造インボイス	85

第5章 仕入税額控除の要件

Q33	1	帳簿の保存義務と記載事項	88
Q34	2	インボイスが不要なケース	90
Q35	3	仕入計算書・仕入明細書の取扱い	92
Q36	4	農協特例①	94
Q37	5	農協特例②	98
	コラム	酒　税	100

第6章 税額の計算方法が変わる！

Q38	1	税額の計算方法	102

第7章 登録の取消しはどうする？

Q39	1	納税義務とインボイスの関係	110
Q40	2	登録の取消し①	111
Q41	3	登録の取消し②	114

第8章 こんなときどうする？よくある疑問と回答

Q42	1	家事共用資産の取扱い①	118
Q43	2	家事共用資産の取扱い②	120
Q44	3	共有物の譲渡	121
Q45	4	立替金の取扱い	122
Q46	5	口座振替（振込）家賃の取扱い	124
Q47	6	会計処理とインボイスの関係①	126
Q48	7	会計処理とインボイスの関係②	127
Q49	8	控除対象外消費税額等の処理方法	128
	コラム	富裕税	143
Q50	9	任意組合等の適格請求書等の交付	144
	コラム	諸外国の消費税率	150

第9章 区分記載請求書等保存方式の再確認

Q51	1	「区分記載請求書等保存方式」って何？	152
Q52	2	記載事項に不備があった場合	154
Q53	3	取引内容の追記	155
Q54	4	誤ったレシートを交付した場合	156
Q55	5	誤ったレシートを受領した場合	158
Q56	6	区分記載請求書等の記載方法	160
Q57	7	コードによる表示①	164
Q58	8	総称での記載表示	165
Q59	9	コードによる表示②	166
Q60	10	まとめ記載による表示	167
Q61	11	全商品が軽減税率対象品目の場合	168
Q62	12	軽減税率対象品目がない場合	169
Q63	13	免税事業者の取扱い	170
Q64	14	値引きがある場合の表示方法	171
Q65	15	一括値引きがある場合の計算方法	172
Q66	16	一括値引きがある場合の表示方法①	173
Q67	17	一括値引きがある場合の表示方法②	174

vii

凡　例

　本書では、かっこ内等において、法令・通達等の表記につき、以下のように省略している。

消費税法	消法
消費税法施行令	消令
消費税法施行規則	消規
所得税法等の一部を改正する法律（平成27年法律第9号）	平成27年改正法
所得税法等の一部を改正する法律（平成28年法律第15号）	平成28年改正法
消費税法施行令等の一部を改正する政令（平成30年政令第135号）	平成30年改正消令
消費税法基本通達	消基通
消費税の軽減税率制度に関する取扱通達の制定について（法令解釈通達）（課軽2-1ほか、平成28年4月12日）（最終改正令和2年4月1日課軽2-1）	軽減通達
消費税の仕入税額控除制度における適格請求書等保存方式に関する取扱通達の制定について（法令解釈通達）（課軽2-8ほか、平成30年6月6日）（最終改正令和2年4月1日）	インボイス通達
平成元年3月1日付直法2-1「消費税法等の施行に伴う法人税の取扱いについて」（法令解釈通達）の一部改正（課法2-6、令和3年2月9日）	新経理通達

消費税の軽減税率制度に関する Q&A（制度概要編）（平成 28 年 4 月）（令和 2 年 9 月改訂）	軽減税率 Q＆A（制度概要編）
消費税の軽減税率制度に関する Q&A（個別事例編）（平成 28 年 4 月）（令和 2 年 9 月改訂）	軽減税率 Q＆A（個別事例編）
消費税の仕入税額控除制度における適格請求書等保存方式に関する Q&A（平成 30 年 6 月）（令和 2 年 9 月改訂）	インボイス Q＆A
令和 3 年改正消費税経理通達関係 Q＆A（令和 3 年 2 月）	新経理通達 Q＆A

第1章

インボイス制度の概要

1　消費税の基本的なしくみ／2
2　単段階課税と多段階課税／4
3　インボイスとは？／6
4　インボイスが導入されるとどうなる？／8
5　インボイスの導入時期／10
6　区分記載請求書等保存方式とは？／12

消費税の基本的なしくみ

Q1

消費税の基本的なしくみについて教えてください。

A 消費税とは、物の販売や貸付け、サービスなどに対して課税される税金で、その商品の販売価格やサービスなどの代金に10％の税金を上乗せし、購入者や受益者に税を負担させることを予定して立法されています。

（注）　飲食料品や宅配新聞については、8％の軽減税率が適用されます。

　例えば、宝石店が100万円で指輪を販売しようとする場合には、宝石店は購入者から110万円を領収し、うち10万円（100万円×10％）を税務署に払うことになるかというと、実はそうではありません。

　消費税は、その取引が消費者に対する小売りなのか、宝石店に対する卸売りなのかということに関係なく、取引の都度、その取引金額に10％の税率で課税することになっています。

　つまり、宝石店は、この指輪を問屋から仕入れる際に、問屋が上乗せした消費税を仕入代金とともに払っているわ

消費税の基本的なしくみ　Q1

けですから、これを差し引いた金額だけ税務署に納めればよいわけです。

　例えば、宝石店がこの指輪を問屋から仕入れる際に、仕入代金の60万円と10％の消費税（60万円×10％＝6万円）あわせて66万円を問屋に支払い、これを顧客（消費者）に販売する際に、代金100万円と10％の消費税（100万円×10％＝10万円）、あわせて110万円を領収したような場合には、この宝石店が税務署に納付する消費税は、預かった消費税10万円から支払った消費税6万円を差し引いた4万円となります。

　問屋の仕入れを無視して考えた場合、問屋の納付する消費税（6万円）と宝石店の納付する消費税（4万円）の合計額10万円は、最終購入者である消費者の税負担額と一致することになります。

　つまり、消費税は、各取引段階にいる事業者が、消費者の負担すべき消費税を分担して納税するシステムになっているのです。

第1章／インボイス制度の概要　3

2 単段階課税と多段階課税

Q2

Q1 の宝石の売買に関する課税方法について疑問があります。取引の都度課税すると納税事務が煩雑になるので、問屋から宝石店に指輪を販売したときには課税せず、宝石店が指輪を小売りしたときだけ課税して、宝石店が 10 万円を納税したほうが効率的ではないでしょうか？

A 昭和の時代、消費税が導入される前には「**物品税**」という税金がありました。**物品税とは、貴金属や毛皮、自動車、時計などの贅沢品に課税していた税金**です。

課税物品表に掲げる物品は、第一種の物品と第二種の物品に区分され、それぞれ課税方式が異なっていました。貴金属や毛皮などの第一種の物品は**小売課税制度**、自動車や電化製品などの第二種の物品は製造場からの蔵出時に課税する**移出課税制度**を採用していました。

物品税は消費に担税力を求めて課税する税金ですから、本来であれば小売課税が理想的な課税方式です。しかし、課税物品のすべてを小売課税にした場合、膨大な数の零細

小売業者が納税義務者に取り込まれることになり、納税事務負担と徴税事務負担が増大することになります。また、大手製造メーカーが物品税の納税義務を負わないことになるなどの問題もあり、現実的ではありません。

　こういった理由から、第二種の物品については移出課税制度を採用したものと思われます。

　第一種の物品である貴金属などについては小売課税制度が採用されていましたが、この小売課税制度は理想的ではあるものの、課税技術上の問題があることも事実です。たとえば、**Q1**の宝石店において、指輪を販売する場合を想像してみてください。お客さんは、この宝石店で指輪を購入したら物品税が課税されるのに対し、問屋に直接買い付けに行けば課税されないということになると、誰もが問屋に買いに行くのではないでしょうか？　こういった事態を防ぐために、貴金属の販売業者については「販売業者証明書」を交付し、この証明書の提示がなければ貴金属の売買はできないこととしていたのです。

　このように、<u>単段階課税方式はシンプルではあるものの、課税技術上の問題点が多いことも事実</u>なのです。これに対し、<u>消費税のような多段階課税の間接税は、手間がかかる半面、単段階課税方式の課税技術上の問題点を解消することができます</u>ので、課税方式としては優れた制度だということができます。

第1章／インボイス制度の概要　5

3 インボイスとは？

Q3

なぜインボイスが必要なのですか？　インボイスが
ないとどうなるのですか？

A **インボイス**（**適格請求書等**）とは、簡単にいうと
「仕入先が納税したことを証明する書類」です。

Q1 のケースであれば、宝石店は、問屋が発行したイン
ボイスにより問屋が6万円の消費税を納税したことが確認
できますので、税の累積を排除するために、仕入時に負担
した6万円の税額を10万円の売上税額から控除すること
ができるのです。

インボイスがないと、仕入先が納税してるかどうかを確
認することができません。言い換えれば、免税事業者が消
費税相当額を売値に転嫁してきたとしても、買い手はこれ
を拒むことができないということです。

そこで、インボイス制度を採用してこなかった日本で
は、納税義務がない免税事業者からの仕入れについても課
税されているものと割り切って、仕入税額控除を認めるこ
ととしてきました。

インボイスとは？　Q3

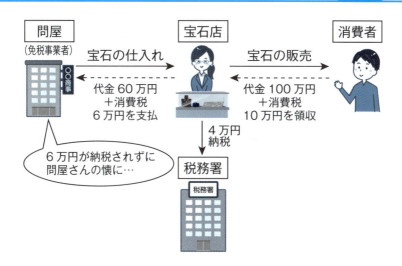

　資本金が1,000万円未満の新設の法人は、基準期間がない設立事業年度とその翌事業年度は、原則として納税義務がありません。

　そこで、実務の世界では、計画的に資本金1,000万円未満で法人を設立し、この免税事業者である新設の法人に支払った外注費や人材派遣料を仕入控除税額の計算に取り込んで節税を図ろうとする動きがあります。

　消費者が負担する消費税が国庫に収納されず、事業者の懐に残ってしまうというこの「**益税問題**」は、インボイス制度の導入により、ひとまずは解消されることとなったのです。

インボイスが導入されるとどうなる？

Q4 インボイス制度（適格請求書等保存方式）の導入で何が変わるのですか？

A インボイス制度が導入されると、以下のようになります。

◎インボイスを発行するためには、<u>登録申請</u>が必要です！

◎仕入税額控除の適用を受けるためには<u>インボイスの保存</u>が必要です！

◎請求書などの<u>記載事項</u>が増えます！

インボイスには、<u>税率ごとの消費税額と登録番号を記載</u>することが義務付けられています。ただし、飲食代や小売業・タクシーのレシートなど（**簡易インボイス**）について

は、税率と消費税額のどちらかを記載すればよいことに
なっています。

＜記載事項＞

① 適格請求書発行事業者の氏名又は名称

② **登録番号**

③ 取引年月日

④ 取引内容（軽減対象品目である場合にはその旨）

⑤ 税抜（税込）取引金額を税率ごとに区分した合計額

⑥ **⑤に対する消費税額等及び適用税率**

⑦ 請求書等受領者の氏名又は名称

（注） **太字**が区分記載請求書から適格請求書への移行に伴い追加された記載事項です。

請求書

(株)○○御中　　　　　　令和○年 11 月 30 日

11 月分　131,200 円（税込）

日付	品名	金額
11/1	小麦粉　※	5,000 円
11/1	キッチンペーパー	2,000 円
⋮	⋮	⋮
合計 消費税		120,000 円 11,200 円

（10%対象　80,000 円　消費税　8,000 円）　← 税率ごとの消費税額
（ 8%対象　40,000 円　消費税　3,200 円）

※は軽減税率対象品目

△△商事㈱　　　　　登録番号 T－×××××　← 登録番号

5 インボイスの導入時期

Q5 インボイス制度はいつから導入されるのですか？

A

インボイス制度（適格請求書等保存方式）は、

令和5年10月1日

から導入されます。

　そこで、令和元年10月1日～令和5年9月30日までの間は、インボイス制度を導入するための準備期間として、「区分記載請求書等保存方式」が仕入税額控除の要件とされています（平成28年改正法附則34②・③）。

インボイスの導入時期　Q5

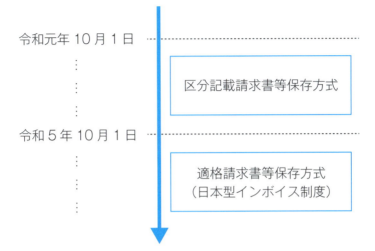

令和元年10月1日　区分記載請求書等保存方式

令和5年10月1日　適格請求書等保存方式（日本型インボイス制度）

第1章／インボイス制度の概要　11

6 区分記載請求書等保存方式とは？

Q6

Q5 に関連して質問します。区分記載請求書等保存方式とはどのような制度ですか？

A 仕入税額控除の適用を受けるためには、従来より法定事項が記載された帳簿と請求書等の保存が義務付けられています。令和元年 10 月 1 日より軽減税率制度が導入されたことに伴い、帳簿には、新たに「軽減税率対象品目である旨」を記載することが義務付けられています。

また、保存が義務付けられている請求書や領収書、仕入先の確認を受けた上で発行する仕入計算書等については、新たに「軽減税率対象品目である旨」と「税率ごとの税込取引金額」が記載されていることが、仕入税額控除の要件となりました。

これらの法定事項が記載された帳簿と請求書等の保存を義務付けることを「区分記載請求書等保存方式」といいます。

(注)「区分記載請求書等保存方式」については第 9 章で詳細に解説をしています。

区分記載請求書等保存方式とは？　Q6

●「区分記載請求書等保存方式」における記載事項

（注）　青字部分が令和元年10月1日より追加された項目

帳簿の記載事項	区分記載請求書等の記載事項
①　仕入先の氏名又は名称	①　請求書等の発行者の氏名又は名称
②　取引年月日	②　取引年月日
③　取引内容（軽減税率対象品目である旨）	③　取引内容（軽減税率対象品目である旨）
④　取引金額（対価の額）	④　取引金額（税率区分ごとの合計額）
	⑤　請求書等受領者の氏名又は名称

小売業や飲食店業などについては、区分記載請求書等の記載事項のうち、⑤の「請求書等受領者の氏名又は名称」の記載を省略することができる（消法30⑨一、消令49④）。

第1章／インボイス制度の概要　13

❖ 帳簿の記載方法

　帳簿については、申告時に請求書等を個々に確認することなく、帳簿に基づいて税額計算ができる程度に記載してあれば問題ありません。

　したがって、商品の一般的総称でまとめて記載したり、軽減税率の対象となる取引に、「※」や「☆」といった記号・番号等を表示し、これらの記号・番号などが軽減税率の対象であることを表示するような記帳方法も認められます。

　また、元帳などに8％の軽減税率を表示しても構いませんので、帳簿の追記事項については通常の記帳業務で要件は充足されるものと思われます（軽減税率Q＆A（個別事例編）問120）。

総勘定元帳（仕入）			
××年		摘　要	金額
月	日		
×	××	△△商店　　雑貨	××
×	××	○○物産　　食料品　　※	××
⋮	⋮	⋮	⋮

まとめ記載　　　　　　　　記号・番号・税率による表示

区分記載請求書等保存方式とは？　**Q6**

❖区分記載請求書等の記載（事項）方法

　区分記載請求書等には、軽減税率対象品目である旨が客観的にわかる程度の記載がされていればよいこととされていますので、<u>個々の取引ごとに適用税率を記載しなくても、軽減税率対象品目に「※」を付けるような方法によることも認められます</u>（軽減通達 18、軽減税率 Q & A（制度概要編）問 13）。

　なお、「区分記載請求書等の記載事項」の青字の箇所については、請求書等の交付を受けた事業者が事実に基づき追記することが認められています。

　したがって、<u>記載事項に瑕疵がある請求書等を受け取ったとしても、仕入先に再発行をお願いする必要はありません</u>。購入者サイドでは、記載漏れとなっている事項を追記した請求書等を保存することにより、仕入税額控除の適用を受けることができます。

- （注 1）　令和 5 年 10 月以降は、記載事項に誤りのあるインボイスを受け取った事業者は、自らが追記や修正を行うことはできません。したがって、取引先に修正したインボイスの交付を求める必要があります（インボイス Q & A 問 21）。
- （注 2）　「追記」ができるのは、13 頁の青字の箇所だけであることに注意してください。白紙の領収証は無論のこと、日付の記載されていない領収証や「品代」としか記載されていないような領収証は、そもそもの記載要件を具備していないので、追記により補正することはできません。

第 1 章／インボイス制度の概要　15

❖記号・番号等を使用した場合の記載例

請　求　書

(株)○○御中　　　　　　　　令和○年 11 月 30 日

11 月分　131,200 円（税込）

日付	品　名	金　額
11/1	小麦粉※ ⓐ	5,400 円
11/1	キッチンペーパー	2,200 円
11/2	牛肉※　　ⓐ	10,800 円
⋮	⋮	⋮
合　計		131,200 円
ⓑ　10%対象		88,000 円
ⓑ　8%対象		43,200 円

※は軽減税率対象品目 ⓒ

　　　　　　　　　　　　　　△△商事㈱

ⓐ　軽減税率対象品目には「※」などを記載

ⓑ　税率ごとに合計した税込売上高を記載

ⓒ　「※」が軽減税率対象品目であることを示すことを記載

第2章

登録の準備をはじめよう！

1 登録申請／18
2 適格請求書発行事業者登録制度①／20
3 適格請求書発行事業者登録制度②／24
4 免税事業者はどうなる？／26
5 免税事業者の準備／28
6 インボイスはいつから発行できる？／32
7 免税事業者が登録申請するケース／33
8 令和5年10月1日から登録する場合の申請期限／34
9 免税事業者が令和5年10月1日から登録する
 場合／36
10 登録した免税事業者が簡易課税の適用を
 受けようとする場合／38
11 登録事項の変更／40
12 登録の効力①／44
13 登録の効力②／46
14 登録国外事業者の取扱い／51

登録申請

Q7 インボイスの登録申請はいつからできますか？

A インボイスを発行するためには登録が必要です。<u>「適格請求書発行事業者」</u>として登録をしなければ、インボイスを発行することはできません。

　また、令和5年10月1日以降の取引については、原則として「適格請求書発行事業者」から交付を受けたインボイスの保存が仕入税額控除の要件となります（消法30⑦〜⑨）。

「適格請求書発行事業者」の登録は、

令和3年10月1日
から

その申請を受け付けることとしていますので、令和5年10月1日前であっても申請書を提出することができます（平成28年改正法附則1八）。

（注）　e-Tax を利用して登録申請書を提出した場合には、登録の通知も e-Tax により行われます（インボイスQ＆A問2）。

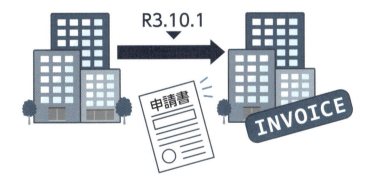

適格請求書発行事業者登録制度①

Q8
課税事業者は、登録をしなくてもインボイスを発行することができるのでしょうか?

A 事業者は、登録をしなければインボイスを発行することはできません!

「適格請求書発行事業者」とは、納税地の所轄税務署長に

「適格請求書発行事業者の登録申請書」

を提出し、適格請求書を交付することのできる事業者として登録を受けた事業者をいいます(消法2①七の二)。

適格請求書発行事業者登録制度① Q8

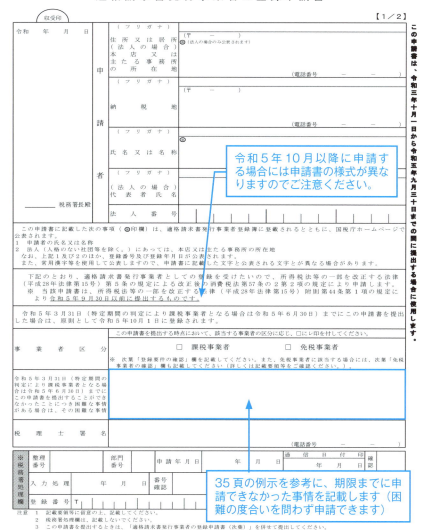

第2章／登録の準備をはじめよう！

「課税事業者選択届出書」を提出せずに登録申請する免税事業者がチェックします

事前に「課税事業者（選択）届出書を提出した上で登録申請する免税事業者がチェックします
（例）令和6年10月決算法人が令和5年11月1日から登録する場合など

第1-(1)号様式次葉

国内事業者用

適格請求書発行事業者の登録申請書（次葉）

【2／2】

この申請書は、令和三年十月一日から令和五年九月三十日までの間に提出する場合に使用します。

氏 名 又 は 名 称

該当する事業者の区分に応じ、□にレ印を付し記載してください。

免 税 事 業 者 の 確 認	□ 令和5年10月1日の属する課税期間中に登録を受け、所得税法等の一部を改正する法律（平成28年法律第15号）附則第44条第4項の規定の適用を受けようとする事業者 ※ 登録開始日から納税義務の免除の規定の適用を受けないこととなります。					

事 業 内 容 等	個 人 番 号					
	生 年 月 日（個人）又は設立年月日（法人）	1明治・2大正・3昭和・4平成・5令和 年 月 日		法人のみ記載	事 業 年 度	自 月 日 至 月 日
					資 本 金	円
	事 業 内 容					

□ 消費税課税事業者（選択）届出書を提出し、納税義務の免除の規定の適用を受けないこととなる課税期間の初日から登録を受けようとする事業者

課 税 期 間 の 初 日
※ 令和5年10月1日から令和6年3月31日までの間のいずれかの日

令和　　年　　月　　日

必ず「はい」にチェックします

登 録 要 件 の 確 認	課税事業者です。 ※ この申請書を提出する時点において、免税事業者であっても、「免税事業者の確認」欄のいずれかの事業者に該当する場合は、「はい」を選択してください。	□ はい □ いいえ
	消費税法に違反して罰金以上の刑に処せられたことはありません。 （「いいえ」の場合は、次の質問にも答えてください。）	□ はい □ いいえ
	その執行を終わり、又は執行を受けることがなくなった日から2年を経過しています。	□ はい □ いいえ
参 考 事 項		

どちらの「いいえ」にもチェックが入る場合には、税務署長は登録を拒否することができます（消法57の2⑤一）

22

Column

物品税

　消費税が導入される前、昭和の時代には、貴金属や毛皮、自動車、時計などの贅沢品に対して物品税という税金が課税されていました。

　音楽を楽しむ場合には、今はCD……というよりも音楽プレーヤーが主流のようですが、昭和の時代には音楽プレーヤーなどありませんでしたので、専らレコードやカセットテープレコーダーで音楽を楽しんでいたのです。このレコードなどについても、贅沢品として物品税が課税されていたのですが、童謡などの教育に関するものは非課税として取り扱われていました。

　ここで問題となったのが「童謡」の定義です。著者が小学生の頃、皆川おさむの「黒猫のタンゴ」という歌が大流行しましたが、このレコードは歌謡曲ということで物品税が課税されたのに対し、子門真人の「およげ！たいやきくん」のレコードは童謡だから非課税とされたそうです（フリー百科事典より）。

　私には「クロネコ」と「タイヤキ」の区別がつきません……。

適格請求書発行事業者登録制度②

Q9

Q8に関連して質問します。課税事業者は必ず登録をして「適格請求書発行事業者」となる必要があるのでしょうか？

A 「登録」は、必ずしも課税事業者に義務付けられているものではありません。よって、適格請求書を発行する必要のない課税事業者は、あえて登録をする必要はありません。

例えば、パチンコ店やゲームセンターなどの利用者は事業者ではありません。よって、パチンコ店の経営者などがあえてインボイスの登録をして手間暇をかける必要もありませんので、課税事業者であっても登録をしないという選択もあるのではないかと思われます。

なお、課税事業者であっても登録をしなければ適格請求書発行事業者になることはできませんので、当然にインボイスを発行することはできません。

また、課税事業者が適格請求書の登録をしなかったからといって、納税義務が免除されるわけではありませんので

適格請求書発行事業者登録制度② Q9

ご注意ください。

仕入税額控除の適用を受けようとする事業者は、

インボイスの保存が仕入税額控除の要件となります！

よって、適格請求書発行事業者は、取引先から要求されたときは、

インボイスを交付することが義務付けられています。

したがって、適格請求書の記載事項を確認した上で、オリジナルのインボイスのひな型を決定するなどの事前の準備が必要となります。

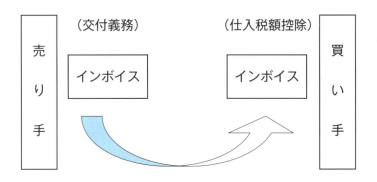

第２章／登録の準備をはじめよう！

免税事業者はどうなる？

Q10
免税事業者が取引先からインボイスの登録（交付）を要求された場合、これを拒むことはできますか？

A インボイスの登録を強要することはできませんが、<u>インボイスの交付ができないことを理由に取引を拒まれる可能性があります。</u>

　免税事業者はインボイスを発行することができません。インボイス制度が導入される前であれば、免税事業者との取引でも仕入税額控除の対象とすることができたのですが、インボイス制度の導入により、免税事業者からはインボイスがもらえないこととなります。

　インボイスがないと仕入税額控除ができないため、仕入側では納付する税額が増えることになります。

　結果、免税事業者との取引が減少して、免税事業者は商売ができなくなるかもしれません。

　よって、取引先からの要請などにより、インボイスの登録申請をする事業者が増加するものと思われます。

　ここで注意したいのは、

免税事業者はどうなる？　Q10

免税事業者は登録申請ができない！

ということです。

　基準期間における課税売上高が 1,000 万円以下の免税事業者が「適格請求書発行事業者」になるためには、「**課税事業者選択届出書**」を提出し、課税事業者となった上で登録申請をする必要があるのです（**Q15**（36～37 頁）参照）。

	適格請求書の登録	適格請求書の発行	申告義務
課税事業者	有	○	有
課税事業者	無	×	有
免税事業者	×	×	無

課税選択

第 2 章／登録の準備をはじめよう！　27

免税事業者の準備

Q11

Q10に関連して質問します。免税事業者は、事業を継続するためにはインボイスの登録をして納税をしていくしか生き残る術はないのでしょうか？

A インボイスが導入されたからといって、<u>すべての免税事業者が事業の継続に支障を来すわけではありません</u>。地元商店街の青果店や鮮魚店のように、近所の奥様方を相手に商売している小規模なお店では、インボイスを要求するお客さんなどほとんどいないはずです。よって、インボイス制度が導入された後でも免税事業者のまま商売を続けていけるものと思われます。

問題は、事業者間取引がある免税事業者です。

例えば、次頁のように課税事業者（A）から免税事業者（B）、免税事業者（B）から課税事業者（C）と商品が流通するケースを想定してみましょう。

（C）は（B）から商品を仕入れるとインボイスを入手することができません。必然的にインボイスがもらえる課税事業者との取引にシフトすることになり、免税事業者が取

引から除外されることが危惧されます。

また、免税事業者である（B）に対し、インボイスの登録を要請することも予想されます。事業者間取引では、免税事業者でも売上高に消費税相当額を上乗せして受領するのが一般的ですので、免税事業者は、価格の改定についてより慎重な判断が要求されることになりそうです。

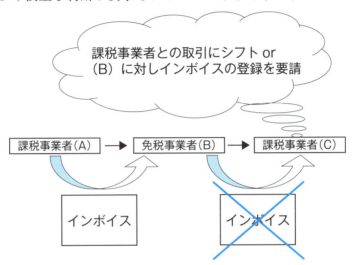

❖ 不動産賃貸業は登録して簡易課税を選択！

免税事業者である不動産賃貸業者が賃借人から消費税相当額を受領している場合には、インボイスの登録申請をした上で簡易課税制度の適用を受けることをお勧めします。不動産賃貸業者の必要経費は固定資産税や借入金利子、減価償却費など、課税仕入れとならないものが大半を占めています。

簡易課税制度の適用を受けることにより、40％のみなし

仕入率を適用することができますので、消費税相当額を値引きするより手残りは増えるものと思われます。

<具体例>
　事務所家賃10万円、消費税1万円を賃借人から受領している免税事業者は、インボイスの登録をしない限り、1万円の消費税相当額を受領することは難しいものと思われます。インボイスの登録をして簡易課税制度の適用を受けることにより、手残り金額は10万4,000円となります。
　1万円－1万円×40％＝6,000円…納付税額

❖ 免税事業者には経過措置がある！

　免税事業者や消費者のほか、課税事業者でも登録を受けなければインボイスを発行することはできません。そこで、インボイスがない課税取引については下記のような経過措置が設けられています。

　この場合には、区分記載請求書等保存方式の適用期間において要件とされていた「法定事項が記載された帳簿及び請求書等の保存」が必要となりますのでご注意ください。また、帳簿には「80％控除対象」など、この経過措置の適用を受けたものである旨を、あわせて記載することとされています（平成28年改正法附則52、53、インボイスQ＆A問75）。

免税事業者の準備　Q11

期　間	「適格請求書発行事業者**以外**の者」からの課税仕入れの取扱い
〜令和5年9月30日	「課税仕入れ等の税額×**100%（全額）**」を仕入控除税額の計算に取り込むことができる
令和5年10月1日〜令和8年9月30日	「課税仕入れ等の税額×**80%**」を仕入控除税額の計算に取り込むことができる
令和8年10月1日〜令和11年9月30日	「課税仕入れ等の税額×**50%**」を仕入控除税額の計算に取り込むことができる
令和11年10月1日〜	「適格請求書発行事業者**以外**の者」からの課税仕入れは、原則として**全額**仕入税額控除の対象とすることはできない

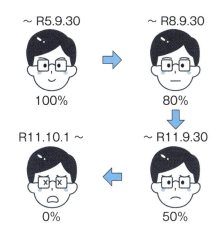

第2章／登録の準備をはじめよう！　31

6 インボイスはいつから発行できる？

Q12

インボイスは登録申請書を提出した日から発行することができますか？

A 登録申請書を税務署長に提出すると、まず、税務署による登録の審査が行われます。その後、登録完了後に税務署から申請者に対して登録完了の通知がされますので、申請者は、登録後の期間について、適格請求書発行事業者としてインボイスを発行することができます。

したがって、通知がされるまでの間は登録番号がありませんので、当然のことながら「適格請求書発行事業者」となることはできません。

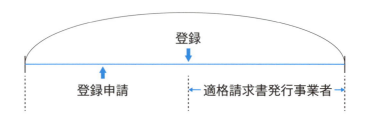

7 免税事業者が登録申請するケース

Q13

免税事業者が課税事業者を選択する場合には、期限までに「課税事業者選択届出書」を所轄税務署長に提出する必要があります。また、基準期間（特定期間）中の課税売上高が 1,000 万円を超えたことにより課税事業者となる事業者は、「課税事業者届出書」の提出が義務付けられています。このようなケースにおいて、免税事業者が、課税事業者となる課税期間の初日から「適格請求書発行事業者」になろうとするときは、登録申請書はいつまでに提出すればよいですか？

A <u>課税期間の初日の **1 か月前の日**</u>までに登録申請書を税務署長に提出する必要があります（消法 57 の 2 ②、消令 70 の 2）。

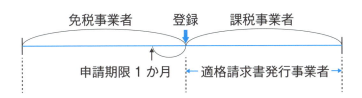

第 2 章／登録の準備をはじめよう！

8 令和5年10月1日から登録する場合の申請期限

Q14

令和5年10月1日から「適格請求書発行事業者」になろうとするときは、登録申請書はいつまでに提出すればよいですか？

A 令和5年3月31日（申請期限①）までに登録申請書を税務署長に提出する必要があります。ただし、特定期間中の課税売上高等が1,000万円を超えたことにより課税事業者となる事業者の場合には、①の期限までに登録申請書を提出することができないケースが想定されます。

そこで、特定期間中の課税売上高等により納税義務を判定した結果、課税事業者となる事業者が、令和5年10月1日から「適格請求書発行事業者」になろうとするときは、登録申請書の提出期限を令和5年6月30日（申請期限②）まで延長しています（平成28年改正法附則44①）。

❖困難な事情がある場合

　上記①又は②の期限までに登録申請書を提出することにつき、困難な事情がある場合には、その困難な事情を記載した登録申請書を令和5年9月30日までに所轄税務署長に提出すれば、令和5年10月1日に登録を受けたものとみなされます（平成30年改正消令附則15）。

　この場合における「**困難な事情**」ですが、インボイス通達によれば、その困難の度合いを問わず、申請することができるとしています（インボイス通達5-2）。

　また、上記①又は②の期限後に登録申請する場合には、その「困難な事情」を「適格請求書発行事業者の登録申請書」に記載することとされています。

　「困難な事情」については、その困難の度合いを問わず申請が認められるとのことですので、申請書に記載する「困難な事情」としては、次のような記載内容でよいものと思われます。

（記載例）
・制度の内容を理解するのに時間を要した。
・登録すべきかどうかを判断するのに時間を要した。
・取引先に登録すべきかどうかを打診したが、なかなか回答がもらえなかった。

第2章／登録の準備をはじめよう！　35

免税事業者が令和5年10月1日から登録する場合

Q15

　私は個人で宅配業を営む消費税の免税事業者ですが、取引先からの要請により、令和5年10月1日から適格請求書発行事業者になることを予定しています。課税事業者でなければ登録申請ができないとのことですので、私は令和4年中に「課税事業者選択届出書」を提出した上で、令和5年3月31日までに登録申請をすることになりますか？　この場合、適格請求書発行事業者となる前の期間である令和5年1月1日から9月30日までの取引についても、結果として申告と納税が必要になるのでしょうか？

　<u>免税事業者が令和5年10月1日の属する課税期間中に登録を受ける場合</u>には、

「課税事業者選択届出書」の提出が不要

とされています。

免税事業者が令和5年10月1日から登録する場合　Q15

　例えば、免税事業者である個人事業者は、期限までに登録申請書を提出することにより「適格請求書発行事業者」として令和5年10月1日よりインボイスを発行することができます。

　この場合において、令和5年1月1日～令和5年9月30日の間は免税事業者として納税義務はありませんので、登録開始日である令和5年10月1日以後の期間についてのみ、課税事業者として申告義務が発生することになります（平成28年改正法附則44④、インボイス通達5－1）。

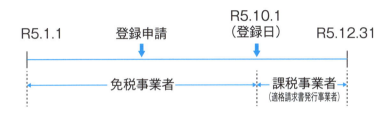

　また、「適格請求書発行事業者の登録の取消しを求める旨の届出書」を提出すれば、「課税事業者選択不適用届出書」を提出しなくとも免税事業者になることができます（平成28年改正法附則44④、インボイス通達5－1）。

　（注）「登録の取消し」については第7章で詳細に解説をしています。

第2章／登録の準備をはじめよう！　37

10 登録した免税事業者が簡易課税の適用を受けようとする場合

Q16

Q15に関連して質問します。令和5年10月1日から登録した免税事業者(個人)が、登録日である令和5年10月1日から簡易課税制度の適用を受けようとする場合には、「簡易課税制度選択届出書」は令和4年中に提出しておく必要があるのでしょうか?

A 令和5年10月1日の属する課税期間中に登録を受けた免税事業者が簡易課税制度の適用を受けようとする場合には、

> 「簡易課税制度選択届出書」は、その課税期間中に提出すればよい

こととされています(平成30年改正消令附則18)。

「簡易課税制度選択届出書」は事前提出が原則とされているわけですが、インボイスの登録申請をして新たに申告

登録した免税事業者が簡易課税の適用を受けようとする場合　Q16

を始める免税事業者が申請前に届出書を提出することは困難です。そこで、**令和5年10月1日の属する課税期間中に登録を受けた免税事業者については、その課税期間中に届出書を提出することにより、簡易課税による申告を認める**こととしたものです。

　したがって、免税事業者（個人）であれば、令和5年10月1日～令和5年12月31日の期間中に「簡易課税制度選択届出書」を提出することにより、提出日の属する期間中の申告から簡易課税によることができます。

免税事業者が令和5年10月1日の属する課税期間中に登録を受ける場合（令和5年10月1日から適格請求書発行事業者になる場合）		登録申請書だけを提出すれば令和5年10月1日から適格請求書発行事業者になることができる（「課税事業者選択届出書」を提出する必要はない）
		その課税期間中に「簡易課税制度選択届出書」を提出することにより、提出日の属する課税期間から、簡易課税により仕入控除税額を計算することができる

第2章／登録の準備をはじめよう！　39

登録事項の変更

Q17

当社では、令和4年から5年の間に本社の移転を計画しています。インボイスの登録申請は令和3年中を予定していますが、登録後、令和5年9月30日までに本店の移転や社名の変更など、インボイスの登録事項に変更があった場合には、もう一度登録申請をやり直す必要があるのでしょうか。また、登録申請が認められないことはあるのでしょうか。

A 登録申請がされた場合には、税務署長は、法律違反などの理由により登録を拒否する場合を除き、遅滞なく登録し、書面により通知することが義務付けられています（消法57の2③・⑦）。

また、「適格請求書発行事業者」は、「適格請求書発行事業者登録簿」に登載された事項に変更があった場合には、速やかに「適格請求書発行事業者登録簿の登載事項変更届出書」を提出することとされています（消法57の2⑧、平成28年改正法附則44②）。

登録事項の変更　Q17

❖ 適格請求書発行事業者登録簿の登録事項変更届出書の記載事項（抄）

1枚目	①　変更年月日 ②　変更事項（変更前と変更後） ・氏名又は名称 ・法人…本店等の所在地 ・国外事業者…国内取引のための事務所等の所在地
2枚目	「特定国外事業者以外の国外事業者」が、国内取引のための事務所などを国内に有しないこととなった場合（特定国外事業者となる場合）に、事業の継続や税務代理人の有無、納税管理人などについて記載します。

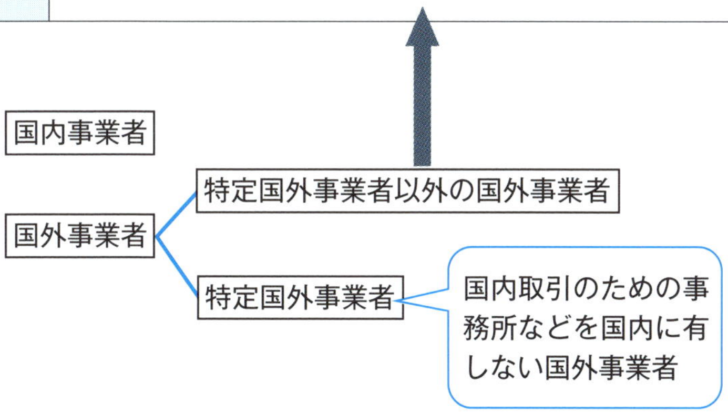

国内事業者

国外事業者 ── 特定国外事業者以外の国外事業者

特定国外事業者 ── 国内取引のための事務所などを国内に有しない国外事業者

※国内事業者は、「適格請求書発行事業者登録簿の登載事項変更届出書」の2枚目（次葉）を提出する必要はありません。

第2章／登録の準備をはじめよう！　41

第2-(1)号様式

適格請求書発行事業者登録簿の登載事項変更届出書

収受印		（ フ リ ガ ナ ）	
令和　　年　　月　　日	届		（〒　　　－　　　　）
		納　税　地	
			（電話番号　　　－　　　－　　　）
	出	（ フ リ ガ ナ ）	
		氏　名　又　は 名　称　及　び 代 表 者 氏 名	
			※　個人の方は個人番号の記載は不要です。
	者	法 人 番 号	
_____ 税務署長殿		登 録 番 号	T

　下記のとおり、適格請求書発行事業者登録簿に登載された事項に変更があったので、所得税法等の一部を改正する法律（平成28年法律第15号）第5条の規定による改正後の消費税法第57条の2第8項の規定により届出します。
　※　当該申請書は、所得税法等の一部を改正する法律（平成28年法律第15号）附則第44条第2項の規定により令和5年9月30日以前に提出するものです。

変 更 の 内 容	変 更 年 月 日	令和　　　　　年　　　　　月　　　　　日
	変 更 事 項	□　氏名又は名称 □　法人（人格のない社団等を除く。）にあっては、本店又は主たる事務所の所在地 □　国外事業者にあっては、国内において行う資産の譲渡等に係る事務所、事業所その他これらに準ずるものの所在地 　※　当該事務所等を国内に有しないこととなる場合は、次葉も提出してください。
	変 更 前	（フリガナ）
	変 更 後	（フリガナ）
	※　変更後の内容については、国税庁ホームページで公表されます。 　なお、常用漢字等を使用して公表しますので、届出書に記載した文字と公表される文字とが異なる場合があります。	
参 考 事 項		次の①と②のいずれかに該当することとなった場合に記載します。 ①「特定国外事業者」が事務所等を国内に有することとなった場合（特定国外事業者以外の国外事業者となる場合） ②「特定国外事業者以外の国外事業者」について、国内の事務所等に変更があった場合（国内事務所等を廃止した場合には、2枚目（次葉）も記載します）
税 理 士 署 名		

※ 税務署処理欄	整 理 番 号		入 力 処 理	年　　月　　日	番 号 確 認	
	届 出 年 月 日	年　　月　　日				

注意　1　記載要領等に留意の上、記載してください。
　　　2　税務署処理欄は、記載しないでください。

この届出書は、令和三年十月一日から令和五年九月三十日までの間に提出する場合に使用します。

登録事項の変更　Q17

外国法人などが、インターネットを利用した取引などにより、引き続き日本国内でインボイスを発行する場合にチェックします

第2－(1)号様式次葉

適格請求書発行事業者登録簿の登載事項変更届出書（次葉）

※　本届出書（次葉）は、特定国外事業者以外の国外事業者が国内において行う資産の譲渡等に係る事務所、事業所その他これらに準ずるものを国内に有しないこととなった場合に、適格請求書発行事業者登録簿の登載事項変更届出書とともに提出してください。

この届出書は、令和三年十月一日から令和五年九月三十日までの間に提出する場合に使用します。

		氏名又は名称		
引き続き、適格請求書発行事業者として事業を継続します。 （「はい」の場合は、以下の質問にも答えて下さい。）			□ はい　　□ いいえ	
特定国外事業者に係る確認事項	消費税に関する税務代理の権限を有する税務代理人がいます。 （「はい」の場合は、次の「税務代理人」欄を記載してください。）		□ はい　　□ いいえ	
	税務代理人	（フリガナ） 事務所の所在地　（〒　　－　　） 　　　　　　　　　　　　　　　　（電話番号　　　－　　　－　　　） （フリガナ） 氏名等		
	納税管理人を定めています。 「はい」の場合は、消費税納税管理人届出書の提出日を記載してください。 消費税納税管理人届出書　（提出日：平成・令和　　年　　月　　日）		□ はい　　□ いいえ	
	現在、国税の滞納はありません。		□ はい　　□ いいえ	
参考事項				

いずれかの「いいえ」にチェックが入る場合には、税務署長は登録を取り消すことができます（消法57の2⑥二）

第2章／登録の準備をはじめよう！　43

12 登録の効力①

Q18

　登録申請をした場合には、登録後の期間について、適格請求書発行事業者として適格請求書を発行することができるとのことですが、登録が許可されても通知が来なければ登録番号などの記載事項がわかりません。実際には、通知が来なければインボイスは発行できないということになるのでしょうか？

A 　適格請求書発行事業者の登録の効力は登録日から発生します。そこで、登録日から登録の通知を受けるまでの間に交付した請求書等について、後日、登録番号や税率ごとに区分した消費税額等を記載した書面等を取引先に通知することにより、インボイスの記載事項を満たす書類とすることができます。

　なお、後から通知する書面の内容は、すでに交付した書類との相互の関連が明確であり、取引先がインボイスの記載事項を適正に認識できるものに限られますのでご注意ください（インボイス通達2－4、インボイスＱ＆Ａ問3、問22）。

登録の効力① Q18

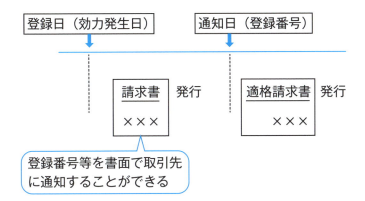

13 登録の効力②

Q19

新設の法人は、会社設立前に登録申請をすることができません。新設の法人が設立事業年度中に登録申請をした場合には、結果として設立年月日から登録日の前日までの期間中はインボイスを発行できないことになるのでしょうか？

A 次頁①～③の課税期間の初日から登録を受けようとする場合には、登録申請書を課税期間の末日までに提出することにより、その課税期間の初日から登録を受けたものとみなされます（消令70の4、消規26の4）。

この場合において、次頁①～③の課税期間の初日が令和5年10月1日の前日以前であるときは、令和5年10月1日に登録を受けたものとみなされます（平成30年改正消令附則13）。

登録の効力② Q19

> ① 新規に開業した日の属する課税期間。ただし、相続により適格請求書発行事業者である被相続人の事業を承継した相続人は対象とならない。
> ② 吸収合併により、適格請求書発行事業者である被合併法人の事業を承継した合併法人の合併があった日の属する課税期間
> ③ 吸収分割により、適格請求書発行事業者である分割法人の事業を承継した分割承継法人の吸収分割があった日の属する課税期間

❖ 適格請求書発行事業者が死亡した場合の取扱い

適格請求書発行事業者である個人事業者が死亡した場合には、相続人は、「適格請求書発行事業者の死亡届出書」を税務署長に提出することが義務付けられています（消法57の3①・②）。

登録の効力	事業を承継した相続人がいない場合	下記①と②のいずれか早い日に失効する ① 被相続人の死亡日の翌日から4か月を経過した日 ② 適格請求書発行事業者が死亡した旨を記載した届出書の提出日の翌日
	事業を承継した相続人がいる場合	相続人のみなし登録期間の末日の翌日以後に失効する

第2章／登録の準備をはじめよう！ 47

事業を承継した相続人は、**みなし登録期間**中は、相続人を適格請求書発行事業者とみなし、被相続人の登録番号を相続人の登録番号とみなします（消法57の3③・④）。

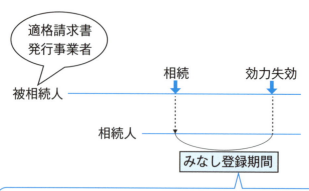

　この場合において、相続人がみなし登録期間経過後も適格請求書を交付しようとするときは、新たに登録申請書を提出して登録を受ける必要があります。

　また、相続人がみなし登録期間中に登録申請書を提出した場合において、みなし登録期間の末日までに登録又は処分の通知がないときは、通知が相続人に到達するまでの期間はみなし登録期間とみなされ、適格請求書の交付は被相続人の登録番号によることとなります（消令70の6②、インボイス通達2－6）。

登録の効力② Q19

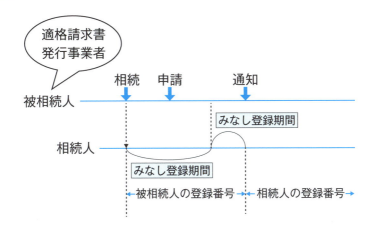

　なお、被合併法人や分割法人が受けた適格請求書発行事業者の登録の効力は、合併法人や分割承継法人には引き継がれません。したがって、合併法人や分割承継法人が適格請求書発行事業者の登録を受けようとするときは、新たに登録申請書を提出する必要があります（インボイス通達2－7）。

第2章／登録の準備をはじめよう！　49

第4号様式

適格請求書発行事業者の死亡届出書

収受印	届 出 者	（フリガナ）	
令和　年　月　日		住 所 又 は 居 所	（〒　　－　　　） （電話番号　　　－　　　－　　　　）
		（フリガナ）	
		氏　　　　　名	
_____ 税務署長殿		個 人 番 号	

　下記のとおり、適格請求書発行事業者が死亡したので、消費税法第57条の3第1項の規定により届出します。

死 亡 年 月 日		令和　　　　年　　　　月　　　　日
死亡した適格請求書発行事業者	（フリガナ）	
	納　税　地	（〒　　－　　　）
	（フリガナ）	
	氏　　　　　名	
	登 録 番 号	T

届 出 者 と 死 亡 し た 適 格 請 求 書 発 行 事 業 者 と の 関 係	
相 続 に よ る 届 出 者 の 事 業 承 継 の 有 無	適格請求書発行事業者でない場合は、有無のいずれかを○で囲んでください。 　　　　　有　　・　　無
参 考 事 項	
税 理 士 署 名	（電話番号　　　－　　　－　　　　）

※税務署処理欄	整 理 番 号		部 門 番 号		届出年月日	年　月　日
	入 力 処 理	年　月　日	番号確認	身元確認	□ 済 □ 未済	確認書類	個人番号カード／通知カード・運転免許証 その他（　　　　　　　）

注意　1　記載要領等に留意の上、記載してください。
　　　2　税務署処理欄は、記載しないでください。

登録国外事業者の取扱い

Q20

当社はゲームアプリの配信事業を営む外国法人です。日本の法律に基づき、電気通信利用役務の提供に係る登録国外事業者として、「登録国外事業者名簿」に登録をしています。当社のように、「登録国外事業者名簿」に登録をしている事業者も、適格請求書の登録申請は必要ですか。

A 令和5年9月30日において、「登録国外事業者」として「登録国外事業者名簿」に登録をしている国外事業者は、令和5年10月1日に適格請求書発行事業者の登録を受けたものとみなされますので適格請求書の登録申請は必要ありません（平成28年改正法附則45）。

(注)　「登録国外事業者」については、「登録国外事業者名簿」が国税庁のHPにアップされていますので、下記の順序でアクセスすると最新の名簿を閲覧することができます。

> ホーム➡刊行物等➡パンフレット・手引き➡(消費税関係)国境を越えた役務の提供に係る消費税の課税関係について➡登録国外事業者名簿

第2章／登録の準備をはじめよう！　51

参 考 　国際電子商取引の取扱い（平成27年度改正）

電子書籍・音楽・広告の配信等の電気通信回線を介して行われる国際電子商取引（**電気通信利用役務の提供**）については、平成27年度改正により、内外判定を役務提供者の役務の提供に係る事務所等の所在地から役務の提供を受ける者（受益者）の住所等に変更することとなりました。

これにより、国外事業者が国内に向けて行う「電気通信利用役務の提供」は国内取引に該当し、課税の対象となります。

また、国外事業者が国内に向けて行う「電気通信利用役務の提供」を事業者向け電気通信利用役務の提供（事業者間の相対取引）と消費者向け電気通信利用役務の提供（不特定多数との取引）に区分し、「**事業者向け電気通信利用役務の提供**」については、国外事業者の納税義務を受益者に転換することとしました（**リバースチャージ方式**）。

「消費者向け電気通信利用役務の提供」については、役務の提供を行う国外事業者が日本の消費税の申告と納税義務を負うことになります（**国外事業者申告納税方式**）。

＜具体例＞

サービスの対価（税抜）が100、消費税が10％（10）の場合の課税関係は次頁のようになります。

●事業者向け電気通信利用役務の提供（リバースチャージ方式）

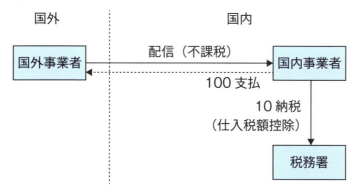

ただし、課税売上割合が95％以上の場合や簡易課税制度の適用を受ける場合には、当分の間、リバースチャージ方式は適用除外とされています（平成27年改正法附則42、44②）。

●消費者向け電気通信利用役務の提供（国外事業者申告納税方式）

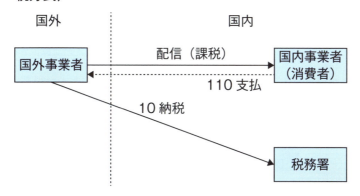

●登録国外事業者制度

　登録国外事業者とは、次の①と②の要件を満たすことにつき、所轄税務署を経由して国税庁長官に申請書を提出し、国税庁長官の登録を受けた国外事業者をいいます。

> ①　国内において行う「電気通信利用役務の提供」に係る事務所等が国内にあること又は消費税に関する税務代理人があること。
> ②　国税の滞納がないこと及び登録国外事業者の登録取消しから1年を経過していること。

　国外事業者申告納税方式については、登録国外事業者の登録番号等が記載された請求書等の保存を要件として仕入税額控除を認めることとしています（平成27年改正法附則38、39）。

第3章

登録番号と
インボイスの記載事項

1　登録番号／56

2　施行前に登録番号を記載することはできるか？
　　／58

3　インボイスの記載事項と記載例①／60

4　インボイスの記載事項と記載例②／64

5　簡易インボイスとは？／66

6　返品や値引きをした場合にも書類の発行が
　　必要！／70

登録番号

Q21

インボイスに登録番号を記載する場合のルールはありますか？ 登録番号の構成についても説明してください。

また、受領したインボイスが本物かどうかを立証する責任は、インボイスの受取側（買い手側）にあるのでしょうか？ 仕入先から受領したインボイスに記載された登録番号を、何らかの情報をもとに検証（突合）する方法がありましたら教えてください。

A 登録番号は、法人番号を有する法人と、法人番号のない個人事業者・人格のない社団等に区分して、次のような構成になっています（インボイス通達2－3、インボイスQ＆A問12）

法人（法人番号を有する課税事業者）	個人事業者・人格のない社団等
「T」（ローマ字）＋法人番号（13桁）	「T」（ローマ字）＋数字（13桁）

・法人番号と重複しない事業者ごとの番号を用いる
・個人事業者についてはマイナンバーは使用しない

インボイスへの表記に当たっては、半角か全角かは問わないこととされています。記載例としては、「T1234567890123」あるいは「T-1234567890123」といったような表記方法が想定されます。

記載事項に誤りのあるインボイスを受け取った事業者は、自らが追記や修正を行うことはできませんので、<u>取引先に修正したインボイスの交付を求める必要があります</u>（インボイスＱ＆Ａ問21）。よって、偽造インボイスでは、仕入税額控除は認められません（<u>インボイスの受取側に立証責任があります</u>）。

❖登録番号はどうやって確認する？

適格請求書発行事業者の氏名又は名称及び登録番号等については、インターネットを通じて、国税庁のHPにおいて登録後速やかに公表されます（消法57の2④・⑪、消令70の5②）。

マイナンバーとは異なり、誰でも閲覧することができますので、取得したインボイスに記載された登録番号が本当に登録されているかどうかは、国税庁のHPにアクセスすることにより確認することができます。

(注)　国税庁のHPで整備される予定となっている公表サイトにおいて、登録番号を検索することにより、インボイス発行事業者の名称や登録年月日などが表示され、その登録番号が有効なものであるかを確認することができことになるようです（税務通信3633号）。

第３章／登録番号とインボイスの記載事項　57

2 施行前に登録番号を記載することはできるか？

Q22

当社は3月決算なので、令和5年4月1日から登録番号を記載したインボイスにフォーマットを変更することを計画しています。令和5年10月1日前であっても、登録番号を請求書に記載することはできますか？

A 令和5年10月より導入が予定されているインボイスには、税率区分ごとの合計請求額は、税込金額と税抜金額のいずれかを記載すればよいこととされています。

一方で、区分記載請求書等には、税率区分ごとの税込請求金額の記載が必要とされていますので、請求書等のひな型を、税抜金額を記載したインボイスに変更した場合には、令和5年9月までの間は仕入税額控除の要件を満たさないことになってしまいます。

そこで、たとえ税込金額が記載されていない請求書であっても、記載要件を具備したインボイスの保存があれば、仕入税額控除を認めることとしています（軽減税率Q

& A（個別事例編）問 109）。

　また、区分記載請求書に登録番号を記載することもできますので、令和 5 年 9 月 30 日以前に登録番号が通知されている場合には、登録番号を前もって請求書に記載しておくことで、スムーズにインボイスへの移行が可能となります（インボイス Q & A 問 50）。

　令和 5 年 10 月 1 日きっかりからインボイスに切り替える必要はありませんので、インボイスのひな型を事前に検討した上で、適当な時期にフォーマットを変更していくことになるものと思われます。

請求書

（株）○○御中　　　　　　　令和○年 11 月 30 日

11 月分　131,200 円（税込）

日付	品名	金額
11/1	小麦粉　※	5,000 円
11/1	キッチンペーパー	2,000 円
⋮	⋮	⋮
合計 消費税		120,000 円 11,200 円

（10%対象　80,000 円　消費税　8,000 円）
（ 8%対象　40,000 円　消費税　3,200 円）

税込取引金額の記載がなくても OK!

※は軽減税率対象品目

△△商事㈱　　　　　　登録番号 T－××××

令和 5 年 10 月 1 日前でも記載 OK!

3 インボイスの記載事項と記載例①

Q23

インボイスの記載事項について教えてください。

A インボイス（適格請求書）とは、次に掲げる事項を記載した請求書、納品書その他これらに類する書類をいいます（消法57の4①、消令70の10）。

＜記載事項＞

① 適格請求書発行事業者の氏名又は名称

② **登録番号**

③ 取引年月日

④ 取引内容（軽減対象品目である場合にはその旨）

⑤ 税抜（税込）取引金額を税率ごとに区分した合計額

⑥ **⑤に対する消費税額等及び適用税率**

⑦ 請求書等受領者の氏名又は名称

（注） **太字**が区分記載請求書から適格請求書への移行に伴い追加された記載事項です。

60

インボイスの記載事項と記載例① **Q23**

❖ 端数処理

　上記⑥の「消費税額等」とは、消費税額及び地方消費税額の合計額をいい、次のいずれかの方法で計算した金額とし、消費税額等の計算において1円未満の端数が生じた場合には、税率の異なるごとに当該端数を処理します。

$$税抜価額 \times \frac{10}{100} \left(\frac{8}{100} \right) = 消費税額等$$

$$税込価額 \times \frac{10}{100} \left(\frac{8}{100} \right) = 消費税額等$$

〔計算例1〕 消費税額等の端数処理の計算方法

税抜表示	単価15円（税抜）の標準税率対象品999個と、単価13円（税抜）の軽減税率対象品555個を販売した場合の消費税額等（消費税と地方消費税の合計額）の計算 　15円×999個×10／100＝ 　　　　1,498.5円→1,498円…消費税額等（10%） 　13円×555個×8／100＝ 　　　　577.2円→577円…消費税額等（8%）
税込表示	単価20円（税込）の標準税率対象品1,000個と、単価10円（税込）の軽減税率対象品500個を販売した場合の消費税額等（消費税と地方消費税の合計額）の計算 　20円×1,000個×10／110≒ 　　　　1,818.1円→1,818円…消費税額等（10%） 　10円×500個×8／108≒ 　　　　370.3円→370円…消費税額等（8%）

第3章／登録番号とインボイスの記載事項　61

消費税額等の端数処理は請求書単位で行いますので、複数の商品の販売につき、単品ごとに端数処理をした上で合計することはできませんが、端数処理の方法は、切上げ、切捨て、四捨五入などの任意の方法によることができます（インボイス通達3－12、インボイスQ＆A問37）。

〔計算例2〕　単価15円（税抜）の標準税率対象品を1,000個販売した場合

正しい処理	誤った処理
15円×1,000個＝ 　　　　　　15,000円 15,000円×10％＝ 　　1,500円…消費税額等	15円×10％＝ 　　1.5円→1円（切捨） 1円×1,000個＝ 　　1,000円…消費税額等

（注）　表示方法は、「10％対象　15,000円　消費税1,500円」又は「10％対象　16,500円（内消費税1,500円）」となります。

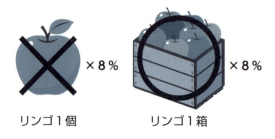

リンゴ1個　　　リンゴ1箱

インボイスの記載事項と記載例① Q23

❖ インボイスのひな型（サンプル）

〔表示例1〕 税抜取引金額を表示するケース

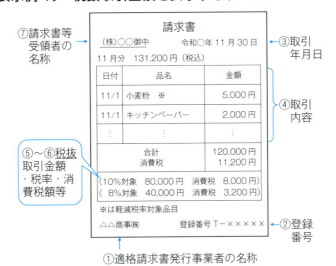

〔表示例2〕 税込取引金額を表示するケース

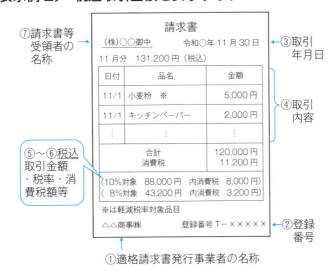

第3章／登録番号とインボイスの記載事項　63

インボイスの記載事項と記載例②

Q24

インボイスには「適格請求書」と明記する必要がありますか？ また、納品書に商品名が記載されていても、月末に発行するインボイスには、もう一度商品名を記載する必要がありますか？

A 「適格請求書」とは、登録番号などの法定事項が記載された書類の法律上の名称であり、実務で使用する書類にまでこの名称を用いる必要はありません。

中小企業であれば、手書きの領収書を交付しても何ら問題ありませんし、電話番号などで事業者が特定できる場合には、屋号や省略した名称を記載しても構いません（インボイス通達3－1、インボイスＱ＆Ａ問17、18、35）。

また、一の書類にすべての事項を記載する必要もないので、納品書や請求書など、複数の書類全体で記載事項を満たしていれば適格請求書として認められることになります。

インボイスの記載事項と記載例② Q24

　適格請求書に記載する売り手（買い手）の名称や登録番号、取引内容などについては、取引先コード、商品コード等の記号、番号等による表示によることもできますが、下記の①と②に注意する必要があります（インボイス通達3－3、インボイスQ＆A問36）。

> ①　売り手が適格請求書発行事業者でなくなった場合のコード表の修正
> ②　売り手が適格請求書発行事業者である期間の確認などの措置

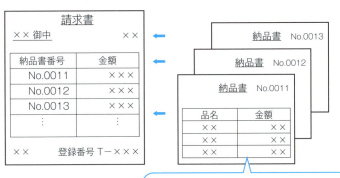

納品書ごとに端数処理をした消費税額等を記載することができる（インボイスQ&A問45）

第3章／登録番号とインボイスの記載事項　65

5 簡易インボイスとは？

Q25

区分記載請求書等保存方式では、不特定多数を取引先とする小売業や飲食店業などについては、相手先の氏名又は名称の記載を省略することができました。

インボイス制度（適格請求書等保存方式）においても、同様の簡便的な書類の発行は認められますか？

A 小売業、飲食店業、写真業、旅行業、タクシー業又は駐車場業等のように不特定多数を取引先とする事業を営む場合には、「請求書等受領者の名称」の記載を省略した簡易インボイス（適格簡易請求書）を交付することができます（消法57の4②、消令70の11）。

簡易インボイスとは、次に掲げる事項を記載した請求書、納品書その他これらに類する書類をいいます。

＜記載事項＞

① 適格簡易請求書発行事業者の氏名又は名称

② **登録番号**

③ 取引年月日

66

④ 取引内容（軽減対象品目である場合にはその旨）
⑤ **税抜（税込）取引金額を税率ごとに区分した合計額**
⑥ ⑤に対する 消費税額等 又は 適用税率

両方記載することもできる
（インボイスＱ＆Ａ問 38）

（注） **太字**が区分記載請求書から適格請求書への移行に伴い追加された記載事項です。

①	適格請求書発行事業者の氏名又は名称	○	○
②	登録番号	○	○
③	取引年月日	○	○
④	取引内容（軽減対象品目である場合にはその旨）	○	○
⑤	税抜（税込）取引価額を税率区分ごとに合計した金額	○	○
⑥	⑤に対する消費税額等及び適用税率	○	△
⑦	請求書等受領者の氏名又は名称	○	×

（注） 記載が必要な項目は○、不要な項目は×で示してあります。また、△はいずれか記載すればよい項目です。

インボイス（適格請求書）と異なり、簡易インボイスには、

● 「請求書等受領者の名称」を記載する必要がありません。
● 消費税額等又は適用税率のいずれかの記載でよいこととされています。

よって、スーパーやコンビニ、タクシーなどのレシートに登録番号、税率などを記載して、インボイスとして利用することができます。

例えば、個人のタクシードライバーが経費削減のために現在使用しているタクシーメーターを引き続き利用したいのであれば、〔**具体例2**〕のような領収書の発行を検討してみたらどうでしょうか？

このひな型であれば、従来から使用しているレシートに、あらかじめ準備したゴム印で、「10％消費税込」という文字と13桁の登録番号を押印するだけで、簡易インボイスとして利用することができます。また、見た目はあまり良くないのですが、押印する代わりに手書きで必要事項をレシートに描き加えても簡易インボイスとして認められます（インボイスQ＆A問18）。

68

〔具体例1〕 消費税額等と適用税率を表示するケース

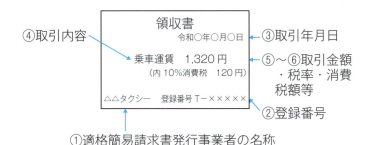

〔具体例2〕 適用税率を表示するケース

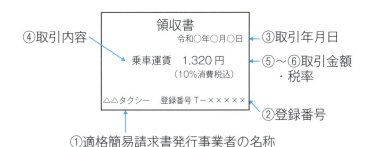

6 返品や値引きをした場合にも書類の発行が必要！

Q26

適格請求書を発行した後で返品や値引きが発生した場合には、修正後の適格請求書を再発行する必要がありますか？

A 返品や値引きなどに伴い、売上代金の返金や売掛金の減額（売上げに係る対価の返還等）をした場合には、取引先に対して「適格返還請求書」の交付が義務付けられています。

　（注）　取引先は、受領したインボイスに記載された税額から「適格返還請求書」に記載された税額を控除して仕入税額を計算します。

「売上げに係る対価の返還等」には、課税売上げに対する返品や値引き、割戻金だけでなく、売上割引や販売奨励金、協同組合が組合員に支払う事業分量配当金も含まれます（消法38①、消基通14－1－2～14－1－4）。

「適格返還請求書」とは、次に掲げる事項を記載した請求書、納品書その他これらに類する書類をいいます（消法57の4③）。

返品や値引きをした場合にも書類の発行が必要！　Q26

<記載事項>

① 適格請求書発行事業者の氏名又は名称
② 登録番号
③ 売上げに係る対価の返還等を行う年月日
④ ③の売上年月日
⑤ 取引内容（軽減対象品目である場合にはその旨）
⑥ 税抜取引価額又は税込取引価額を税率区分ごとに合計した金額
⑦ ⑥に対する 消費税額等 又は 適用税率

両方記載することもできる
（インボイスQ&A問39）

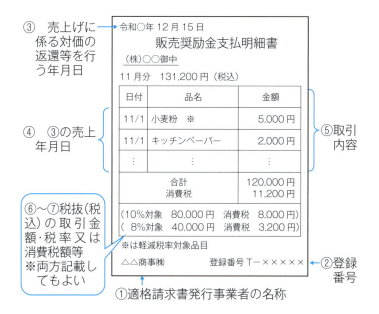

第3章／登録番号とインボイスの記載事項　71

❖ インボイスとセットで交付することもできる！

適格請求書と適格返還請求書は、一の書類により交付することができます。

また、税抜（税込）取引金額と消費税額についても相殺後の差額を記載することができます（インボイス通達3－16）。

〔表示例1〕　売上金額と販売奨励金をそれぞれ記載するケース

請求書		
（株）○○御中		令和○年11月30日
11月分　118,080円（税込）		

日付	品名	金額
11/1	小麦粉　※	5,000円
11/1	キッチンペーパー	2,000円
⋮	⋮	⋮
合計 消費税		120,000円 11,200円

（10%対象　80,000円　消費税　8,000円）
（ 8%対象　40,000円　消費税　3,200円）

販売奨励金

10/5	小麦粉　※	2,000円
⋮	⋮	⋮
合計 消費税		12,000円 1,120円

（10%対象　8,000円　消費税　800円）
（ 8%対象　4,000円　消費税　320円）

※は軽減税率対象品目

△△商事㈱　　　　　登録番号 T－×××××

（適格請求書の記載事項）

（適格返還請求書の記載事項）

返品や値引きをした場合にも書類の発行が必要！　Q26

〔表示例2〕　売上金額と販売奨励金を相殺するケース

```
　　　　　　　請求書
　(株)○○御中　　　　令和○年11月30日
11月分　118,080円（税込）
┌─────┬──────────┬──────────┐
│ 日付 │ 品名       │ 金額       │
├─────┼──────────┼──────────┤
│11/1 │小麦粉　※   │   5,000円 │
│11/1 │キッチンペーパー│   2,000円 │
│  ：  │   ：      │   ：      │
├─────┼──────────┼──────────┤
│     │ 合計       │ 120,000円 │
│     │ 消費税     │  11,200円 │
├─────┴──────────┴──────────┤
│　　　　　　販売奨励金             │
├─────┬──────────┬──────────┤
│10/5 │小麦粉　※   │   2,000円 │
│  ：  │   ：      │   ：      │
├─────┼──────────┼──────────┤
│     │ 合計       │  12,000円 │
│     │ 消費税     │   1,120円 │
└─────┴──────────┴──────────┘
(10%対象　72,000円　消費税　7,200円)
( 8%対象　36,000円　消費税　2,880円)
※は軽減税率対象品目
△△商事(株)　　　　登録番号T-×××××
```

> 継続して売上高と対価の返還等の金額を相殺し、相殺後の金額に対する消費税額を税率ごとに記載することができる

❖ 控除税額の計算方法

　返還等対価に係る税額（申告書⑤欄の金額）は、適格返還請求書に記載した消費税額等（記載事項の⑦の金額）に78％を乗じて計算することができます（消令58①）。また、適格返還請求書の交付を受けた事業者が、仕入れに係る対価の返還等の調整税額を計算する場合においても、交付を受けた適格返還請求書に記載された消費税額等（記載事項の⑦の金額）に78％を乗じて計算することができます（消令52①）。

第3章／登録番号とインボイスの記載事項　73

Column

売 上 税

　今から35年前、「国民が反対する大型間接税と称するもの
はやらない」、「皆さん、この顔が嘘をつく顔に見えますか？」
と大ウソをついて衆参同時選挙に勝利した中曽根元首相は、
「大型ではなく中型だ！」という意味不明な説明のもと、売上
税法案を国会に上程しました。

　簡易課税制度とは、実額計算が困難な事業者が、売上税額
から仕入控除税額を見積計算することを認める制度ですので、
事業者免税点よりも簡易課税の適用上限額のほうが大きいの
が当たり前です。しかし、売上税はこの事業者免税点と簡易
課税の適用上限額が同額の1億円（？）に設定されていまし
た。……そのカラクリは、ズバリ！　インボイス制度に隠さ
れていたのです。

　事業者免税点を1億円という非常識なまでの高額に設定し、
さも「あらかたの事業者は納税義務がないですよ！」とPR
しておきながら、心の底では「課税事業者を選択しないと中
小事業者は生き残れないんだよ。倒産したくなかったら課税
選択をしなさい！　その代わり、可哀想だから簡易課税の選
択を認めてやりましょう」と。……これが課税庁の本音では
ないかと思うのです。まるで詐欺のような税法です。あまり
にも国民をバカにしていると感じるのは、決して筆者だけで
はないでしょう。

　売上税法案は、1987年に国会に提出されたものの、同年
中に廃案となりました。当然です！

第4章

適格請求書発行事業者 の義務

1 インボイスの交付義務と修正／76
2 委託販売と受託販売／78
3 インボイスの交付が免除される取引／80
4 電子インボイス／82
5 インボイスの保存義務／84
6 偽造インボイス／85

1 インボイスの交付義務と修正

Q27

適格請求書発行事業者は、インボイスの発行を省略することはできますか？ また、区分記載請求書等に誤りがあった場合には、書類の交付を受けた事業者自らが修正することができましたが、インボイスに誤りがあった場合にも、書類の交付を受けた事業者自らが修正することはできますか？

A

1 適格請求書発行事業者の取扱い

　適格請求書発行事業者は、取引先から要求されたときは、インボイスを交付しなければなりません。また、<u>交付した適格請求書・適格簡易請求書・適格返還請求書などのインボイスの記載事項に誤りがあった場合には、修正したインボイスを交付することが義務付けられています</u>（消法57の4①柱書・④）。

　ただし、当初に交付したインボイスとの関連性を明らか

にした上で、修正した事項を明示した書類で代用することもできます（インボイス通達3－17）。

2　インボイスの交付を受けた事業者の取扱い

　記載事項に誤りのあるインボイスの交付を受けた事業者は、自らが追記や修正を行うことはできません。仕入税額控除の適用を受けるためには、修正した適格請求書の交付を求める必要がありますのでご注意ください（インボイスQ＆A問21）。

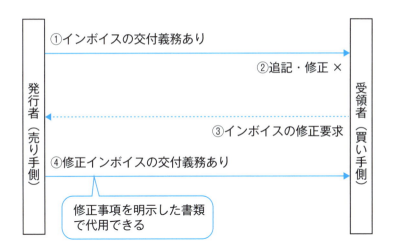

（注）　区分記載請求書等については、発行者に交付義務はありません。また、軽減税率対象品目であることの目印や税率ごとの支払金額が書いてない場合には、受領者が追記して保存することが認められています（再発行の要求をする必要はありません）。

委託販売と受託販売

Q28

当社では、同業他社に自社商品の販売を委託していますが、インボイスは、受託者に依頼して発行してもらうことになるのでしょうか？

また、受託者が自らの商品と受託商品（当社の商品）を同一の者に販売した場合には、委託者である当社のインボイスと受託者のインボイスは別々に発行する必要があるのでしょうか？

A 委託販売取引については、受託者（媒介者）が委託者の名称や登録番号などを記載した適格請求書を交付することが認められています（代理交付）。

また、次頁の①及び②の要件を満たすことにより、受託者の名称や登録番号などを記載した適格請求書を、委託者に代わって交付することができます（媒介者交付特例）。

受託者が自らの商品と受託商品を同一の者に販売した場合には、受託商品と委託商品を区分せずに一の適格請求書に記載することができます。

委託販売と受託販売　Q28

> ①　委託者と受託者のいずれもが適格請求書発行事業者であること
> ②　書面又は契約書などにより、委託者が適格請求書発行事業者である旨を受託者に通知すること

　また、適格請求書のコピーが大量になるなど、事務的な諸事情がある場合には、適格請求書の写しと相互の関連が明確な精算書等の書類の保存だけでよいこととされています（消令70の12、インボイス通達3－7、3－8、インボイスＱ＆Ａ問30）。

適格請求書発行事業者である旨
の通知

```
┌───┐   販売委託    ┌───┐   販売    ┌───┐
│委託者│──────────→│受託者│────────→│購入者│
└───┘            └───┘          └───┘
   適格請求書の写しの交付   適格請求書の交付
```

受託商品と委託商品などを区分せずに一の適格請求書に記載することができます

適格請求書のコピーが大量になるなど、事務的な諸事情がある場合には、適格請求書の写しと相互の関連が明確な精算書等の書類の保存だけでよいこととされています

第4章／適格請求書発行事業者の義務　79

3 インボイスの交付が免除される取引

Q29

スイカなどの交通系ICカードを利用した場合や自動販売機による商品の販売などに関するインボイスの取扱いについて教えてください。

A 次頁の取引については、<u>インボイスの交付義務が免除されています</u>（消令70の9、消規26の6）。ただし、JRの切符や自動販売機による商品の販売については金額制限（**3万円基準**）がありますのでご注意ください。

　3万円未満かどうかは、切符1枚ごとの金額や月まとめ等の金額ではなく、1回の取引の税込価額で判定することとされています（インボイス通達3－9）。
　例えば、東京～大阪間の新幹線の運賃が4人分で5万2,000円（1万3,000円×4人）の場合には、料金が3万円以上の取引としてインボイスの発行が必要になります（インボイスＱ＆Ａ問25）。

インボイスの交付が免除される取引　Q29

番号	取引内容	交付義務が免除される者
①	税込価額が3万円未満の公共交通料金	JR・バス会社など
②	卸売市場や農協など（受託者）が販売する農林水産物	農林水産物の生産者（委託者）

委託者 → 受託者 → 購入者

適格請求書の交付義務を免除

※農林水産物の生産者（委託者）が適格請求書の交付義務を免除されるのは、無条件委託方式・共同計算方式により農業協同組合又は漁業協同組合等に委託した場合に限られています（消令70の9②二ロ、インボイスQ&A問28）。
「無条件委託方式・共同計算方式」については**Q36**（95～96頁）参照

| ③ | 自動販売機による税込価額が3万円未満の商品の販売 | 自動販売機の設置者（販売者） |
| ④ | 郵便ポストに投函される郵便物 | 郵便局 |

第4章／適格請求書発行事業者の義務　81

4 電子インボイス

Q30

インボイスは必ず紙で発行しなければならないのでしょうか？

A 適格請求書発行事業者は、**適格請求書・適格簡易請求書・適格返還請求書の交付に代えて、電磁的記録（電子インボイス）を提供することができます。**また、書面による請求書の内訳を電磁的記録により提供するなど、書面と電磁的記録の提供を併用することも認められます。

なお、提供した電磁的記録に誤りがあった場合には、修正した電磁的記録を提供することが義務付けられています（消法57の4⑤、インボイス通達3－2、インボイスQ＆A問20、47）。

＜電子インボイスの例示＞

① 光ディスク、磁気テープ等の記録用の媒体による提供

② EDI取引における電子データの提供

（注） EDI（Electronic Data Interchange）取引とは、異な

る企業・組織間で商取引に関するデータを、通信回線を介してコンピュータ間で交換する取引等をいう。
③　電子メールによる電子データの提供
④　インターネット上にサイトを設け、そのサイトを通じた電子データの提供

5 インボイスの保存義務

Q31

適格請求書発行事業者にも、発行したインボイスの写しを保存する義務はありますか？

電磁的記録により書類を提供した場合についても教えてください。

A <u>インボイス（適格請求書・適格簡易請求書・適格返還請求書）を交付した適格請求書発行事業者は、交付した書類の写しの保存義務があります</u>。

また、これらの書類の交付に代えて電磁的記録を提供した適格請求書発行事業者は、その電磁的記録を保存する義務があります（消法57の4⑥）。

（注）電子帳簿保存法の改正に伴い、消費税におけるインボイスの保存要件についても改正があるものと思われます。よって、これからの電子帳簿保存法の改正の行方に注意しながら、消費税におけるインボイスの保存要件についても注視する必要がありそうです。

6 偽造インボイス

Q32

　適格請求書等（インボイス）に類似する書類等の交付は禁止されるそうですが、具体的にどのような書類が「適格請求書類似書類等」となるのでしょうか？

　また、令和5年10月以降に、免税事業者が外税で消費税相当額を表示して売上代金を収受することは認められますか？

A

❖適格請求書類似書類等

　「適格請求書類似書類等」とは、次のような書類をいいます（消法57の5）。

適格請求書発行事業者	偽りの記載をした適格請求書又は適格簡易請求書	左記の書類の記載事項に係る電磁的記録
上記以外の者	正規の適格請求書又は適格簡易請求書と誤認されるおそれのある表示をした書類	

❖免税事業者の取扱い

　令和5年9月30日までの間は、免税事業者との取引であっても仕入税額控除の対象とすることができます。こういった理由から、免税事業者が発行する区分記載請求書等には、軽減税率の適用対象取引であることと、税率ごとの取引金額を記載することが義務付けられています（軽減税率Q＆A（個別事例編）問111）。

　軽減税率Q&A（個別事例編）問111には、「……免税事業者は、取引に課される消費税がないことから、請求書等に「消費税額」等を表示して別途消費税相当額等を受け取るといったことは消費税の仕組み上、予定されていません」との記載がされています。しかし、免税事業者が別途消費税相当額を受け取ることは法令などで禁止されていないため、現実の商取引においては、免税事業者でも外税で消費税相当額を受領しています。

　令和5年10月以降は、免税事業者が消費税相当額を記載した書類を発行した場合、インボイス類似書類の発行として罰則規定が適用される可能性がありますので、注意が必要です（消法65四）。

　（注）　転嫁対策特別措置法の失効により、令和3年4月1日から「総額表示義務」が復活しました。公正取引委員会が公表した「消費税転嫁対策特別措置法の失効後における消費税の転嫁拒否等の行為に係る独占禁止法及び下請法の考え方に関するQ＆A」には免税事業者の価格表示に関する取扱いが明記されていませんので、今後の情報に注意する必要がありそうです。

第5章

仕入税額控除の要件

1 帳簿の保存義務と記載事項／88

2 インボイスが不要なケース／90

3 仕入計算書・仕入明細書の取扱い／92

4 農協特例①／94

5 農協特例②／98

1 帳簿の保存義務と記載事項

Q33

令和5年10月以降も帳簿の保存は必要ですか？
保存義務がある場合には、帳簿の記載事項に変更や追加はありますか？

A 適格請求書等保存方式の下においても、インボイスだけでなく、**法定事項が記載された帳簿の保存が仕入税額控除の要件とされています**（消法30⑦〜⑨）。

課税仕入れが軽減税率対象品目に係るものである場合には、帳簿に「軽減対象課税資産の譲渡等に係るものである旨」を記載することとされています。この記載事項は、区分記載請求書等保存方式により令和元年10月1日から義務付けられているものなので、要は、**帳簿の記載事項と保存要件については令和5年10月1日以後も変更はない**ということです。

なお、保存が義務付けられている書類はインボイスだけではありません。仕入計算書や仕入明細書、卸売市場や農協、漁協などが発行する書類についても、法定事項が記載

されていることや法定要件をもとに、仕入税額控除の証明書類として認めることとしています。

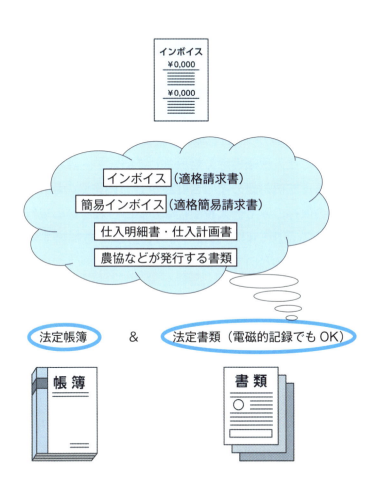

第5章／仕入税額控除の要件　89

2 インボイスが不要なケース

Q34

当社では、クレジットカードの利用明細書をもとに、支払金額が3万円未満の経費は領収書の保存をしないで仕入税額控除の対象としています。課税仕入れに係る支払対価の額の合計額が3万円未満の場合、帳簿の保存のみで仕入税額控除が認められている現行法による取扱いは、令和5年10月以降も継続すると考えてよろしいですか。

A 課税仕入れに係る支払対価の額の合計額が3万円未満の場合、請求書等の交付を受けなかったことについてやむを得ない理由がある場合には帳簿の保存のみで仕入税額控除が認められていますが、この措置については令和5年10月1日から廃止となります（旧消令49①）。

ただし、次に掲げる課税仕入れについては、<u>その課税仕入れを行った事業者において適格請求書等の保存を省略することができます</u>ので、下記の①〜⑩に該当する旨などを記載した帳簿のみの保存により、仕入税額控除が認められることになります（消令49①・⑦、消規15の4）。

① インボイスの交付義務が免除される公共交通料金（３万円未満のものに限る）
② 簡易インボイスの要件を満たす入場券等が使用の際に回収されるもの
③ 古物営業を営む者が適格請求書発行事業者でない者から買い受ける販売用の古物（サラリーマンから下取りする中古自動車など）
④ 質屋を営む者が適格請求書発行事業者でない者から買い受ける販売用の質草
⑤ 宅地建物取引業を営む者が適格請求書発行事業者でない者から買い受ける販売用の建物（サラリーマンから買い取るマンションなど）
⑥ 適格請求書発行事業者でない者から買い受ける販売用の再生資源又は再生部品
⑦ 自動販売機から購入したもの（３万円未満のものに限る）
⑧ 郵便ポストを利用した配達サービス料金
⑨ 出張旅費、宿泊費、日当、転勤支度金（インボイス通達４－９、インボイスＱ＆Ａ問71）
⑩ 通勤手当（インボイス通達４－10、インボイスＱ＆Ａ問72）

3 仕入計算書・仕入明細書の取扱い

Q35

当社では仕入先から送付された納品リストをもとに仕入計算書を作成し、仕入先に内容の確認を受けた上で仕入代金を支払っています。仕入先からは請求書や領収書は交付されません。当社が作成する仕入計算書をインボイスの代わりに保存することで、仕入税額控除は認められるでしょうか？

A デパートと問屋との取引などにおいては、買い手側であるデパートが、納品された商品のうち、実際に売れた商品についてだけ、問屋からの仕入れを計上するという取引手法があり、これを「消化仕入れ」といいます。この場合には、売り手側（問屋）からは請求書等の書類は発行されず、買い手側（デパート）が仕入明細書などの書類を作成し、売り手側に確認を受けるということになりますので、この仕入明細書、仕入計算書など、仕入サイドで作成する書類についても、法定事項が記載されているものは、請求書等と同じ効力があるものとして取り扱うこととしています。

仕入計算書・仕入明細書の取扱い　Q35

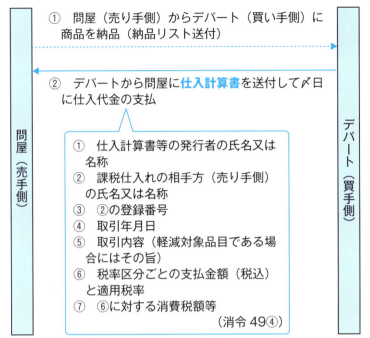

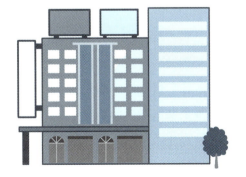

農協特例①

Q36

私は個人で農業を営む消費税の免税事業者です。収穫する農作物は、地元の農協に出荷して販売を委託するものの他、契約事業者に定期的に販売するものがあります。私が適格請求書の登録申請をしない限り、収穫した農作物を購入する事業者は、仕入税額控除ができないことになるのでしょうか？

A

1 農協に販売委託する農作物の取扱い（農協特例）

　媒介又は取次に係る業務を行う卸売市場、農業協同組合又は漁業協同組合等は、生産者に代行して購入者に書類を発行しています。この書類は、販売者である生産者が発行するものではありませんが、法定事項が記載されていることを条件に、インボイスと同じ効力があるものとして取り扱われます。

　（注）　生産者はインボイスの発行義務が免除されています

(81頁参照)。

したがって、生産者が免税事業者であったとしても、農作物を農協で購入する事業者は、農協が発行する書類の保存を条件に仕入税額控除が認められることになります。

農業協同組合又は漁業協同組合等が作成する書類には、委託者（生産者等）の登録番号を記載する必要はありません。

ただし、農業協同組合又は漁業協同組合等に販売委託をする場合には、**無条件委託方式・共同計算方式**により販売を委託した場合でなければ、**仕入税額控除の要件を満たす法定書類として使用することはできない**ので注意が必要です（消令70の9②二ロ、インボイスQ&A問28）。

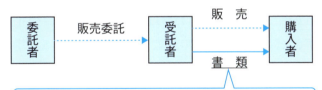

① 書類の作成者（受託者）の氏名又は名称
② 受託者の登録番号
③ 取引年月日
④ 取引内容（軽減対象品目である場合にはその旨）
⑤ 税抜（税込）取引価額を税率区分ごとに合計した金額と適用税率
⑥ ⑤に対する消費税額等
⑦ 書類の受領者の氏名又は名称　　　（消令49⑥）

○**無条件委託方式**……農業者がJAに対し、売値、出荷時期、出荷先等の条件を付けずに販売を委託することをいいます。

＜具体例＞

Aが、トマトをJAに出荷する場合、その売る値段、時期、販売先について指定することなく、JAの自由判断に任せる。JAはトマトを大量に集め、計画的に出荷することで有利な価格を実現することを狙いとするものです。

○共同計算方式……農産物は同じ品質でも、日別、市場別により価格差が出るため、一定の時期内で、農産物の種類、品質、等級などの区分ごとの平均価格で組合員に精算する計算方法をいいます。

＜具体例＞

Bのキュウリが1箱1,000円、Cの同じ品質のキュウリが翌日出荷したら800円だったとします。この場合、2日間の価格を平均してBも、Cも900円を受け取ることになります（(1,000円＋800円) ÷ 2 ＝ 900円）。

共同計算方式は、非常に高値もない代わりに、不利になることもなく、価格が安定するため農業者は安定的な経営が行えるというメリットがあります。

（注）　共同計算方式については、消費税法施行令70条の9第2項2号ロ、消費税法施行規則26条の5第2項に計算方法が定められています。

（参考文献）　JAグループ神奈川ホームページ、「DHCコンメンタール消費税法」（第一法規） 2－2 5060の59

2　直売する農作物の取扱い

　免税事業者である生産者から直売で購入した農作物は仕入税額控除の対象とはなりません。ただし、下記①と②の要件を満たすものであれば、農協というフィルターを経由して購入することで、仕入税額控除の対象とすることができることになります（農協特例）。

①　無条件委託方式かつ共同計算方式による販売であること
②　生産者を特定せずに販売するものであること

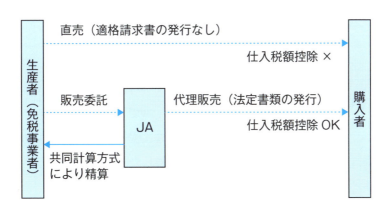

農協特例②

Q37

　私は個人で農業を営む消費税の課税事業者です。収穫する農作物は、ネット通販や現地販売の他、地元の農協に出荷して販売委託しているものもあります。
　ただし、販売委託している商品の精算は共同計算方式によらず、販売価格の10％を手数料として農協に支払うこととしています。この場合、購入者に交付するインボイスの取扱いはどうなりますか？

A　共同計算方式で精算しない場合には、**Q36**で説明した農協特例によることはできません。
　ただし、<u>委託販売取引については、受託者（媒介者）が委託者の名称や登録番号などを記載した適格請求書を交付することが認められています（代理交付）</u>。
　また、次の①及び②の要件を満たすことにより、<u>受託者の名称や登録番号などを記載した適格請求書を委託者に代わって交付することができます（媒介者交付特例）</u>。

> ① 委託者と受託者のいずれもが適格請求書発行事業者であること
> ② 書面又は契約書などにより、委託者が適格請求書発行事業者である旨を受託者に通知すること

(注) 詳細については **Q28** をご参照ください。

Column

酒　　税

　酒税とは、その名のとおりお酒に課税する税金です。お酒の種類ごとに税率を定め、酒造場から出荷した数量について、酒造メーカーに月次の申告納付が義務付けられています。平成30年度税制改正では、ビールの税率を段階的に引き下げることとしました。缶ビールのロングサイズ（500ml）1本当たりの酒税額は110円でしたが、これが徐々に引下げになり、令和8年10月からは77円50銭になる予定です。

　酒税額を110円として考えてみましょう。酒造メーカーが、原価140円の缶ビールを出荷する際に50円のマージンを見込んでいる場合には、この缶ビールに課される酒税相当額をコストと認識して卸値を決定する必要があります。すなわち、卸値を300円（140円＋110円＋50円）に設定しないと、予定するマージンを確保することができません。この場合の消費税ですが、酒税も含んだところの販売価格に10%の税率で課税されますので、結果、税込の卸値は330円となるのです（300円＋300円×10%＝330円）。このように、税金（酒税）に対してさらに税金（消費税）が課される状態のことを、洒落た言葉でTax on Taxと呼ぶそうです。

第6章

税額の計算方法が変わる！

1 税額の計算方法／102

1 税額の計算方法

Q38

インボイスの導入により、売上税額や仕入税額の計算方法は変わるのでしょうか？

A インボイス導入後でも、売上税額の計算は**割戻方式**が原則となります。ただし、インボイスに記載された税額を積み上げて計算することも認められます。

仕入税額の計算は、インボイスに記載された税額を積み上げて計算する**積上方式**が原則とされていますが、タクシー代のように税額の記載がない簡易インボイスについては個々に割戻計算をする必要があります。

また、売上税額の計算で割戻方式によることを条件に、仕入税額の計算でも割戻方式を採用することができます。

インボイスに記載する消費税額等の端数を切捨てにした場合、売上税額の計算は積上方式が有利に（少なく）なります。これに対し、仕入税額の計算は、課税期間中の課税仕入高の合計額を割り戻したほうが有利に（多く）なりますが、このような組合せによる税額計算は認められないこととなりますので注意が必要です。

売上税額	仕入税額	要否
総額割戻方式	総額割戻方式	○
	帳簿積上方式	○
	請求書等積上方式	○
適格請求書等積上方式	請求書等積上方式	○
	帳簿積上方式	○
	総額割戻方式	×

売上税額の計算で「適格請求書等積上方式」と「総額割戻方式」を併用した場合であっても採用することはできない

❖ 売上税額の計算

●原則（**総額割戻方式**）

　課税標準額に対する消費税額は、税率の異なるごとに区分した税込課税売上高を割り戻して課税標準額を計算し、それぞれに税率を乗じて課税標準額に対する消費税額を計算します（消法45①）。

$$\boxed{\begin{array}{l} \text{税込課税売上高} \\ \text{の合計額} \end{array} \times \frac{100}{110}\left(\frac{100}{108}\right) = \text{課税標準額（千円未満切捨）}}$$

課税標準額 × 7.8(6.24)％＝売上税額

○特例（適格請求書等積上方式）

適格請求書発行事業者が、交付したインボイスの写しを保存している場合には、これらの書類に記載した消費税額等を積み上げて課税標準額に対する消費税額を計算することができます（消法45⑤、消令62）。

なお、上記の「総額割戻方式」と「適格請求書等積上方式」は、取引先単位又は事業単位で併用することもできますので、商品の売上高には「適格請求書等積上方式」を採用し、車両などの中古資産を売却した場合には「総額割戻方式」を採用するといったような税額計算の方法も検討する必要がありそうです（インボイス通達3－13）。

インボイスに記載する消費税額等の端数を切捨てにした場合には、当然のことながら「適格請求書等積上方式」を採用した方が売上税額は少なくなるので税負担を圧縮することができます。

ただし、売上税額の計算で「積上計算」を採用した場合には、仕入税額の計算で「総額割戻方式」を採用することはできません。

売上税額の計算で「適格請求書等積上方式」を採用したい場合には、「請求書等積上方式」による仕入税額の計算は事務処理が煩雑になることから、「帳簿積上方式」の採

用を検討するのが現実的ではないかと思われます。

（注）　旧消費税法施行規則 22 条 1 項の経過措置（積上特例計算）は令和 5 年 10 月 1 日より廃止されます。

❖仕入税額の計算

●原則（**請求書等積上方式**）

　課税仕入れに係る消費税額は、インボイスに記載された消費税額等を積み上げて計算します（消法 30 ①、消令 46 ①一〜五）。

　ただし、税込金額の記載だけで消費税額等の記載がない簡易インボイス、帳簿の保存だけで仕入税額控除が認められる旅費や中古建物の取得などについては、支払金額を割り戻して消費税額等を計算し、1 円未満の端数を切捨て又は四捨五入する必要があります（消令 46 ①二かっこ書・六）。

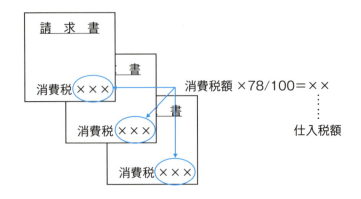

○特例1（**帳簿積上方式**）

　取引の都度、税込課税仕入高を割り戻し、1円未満の端数を切捨て又は四捨五入した消費税額等を帳簿に記載している場合には、帳簿に記載した消費税額等の合計額をもとに仕入税額を計算することができます（消令46②）。

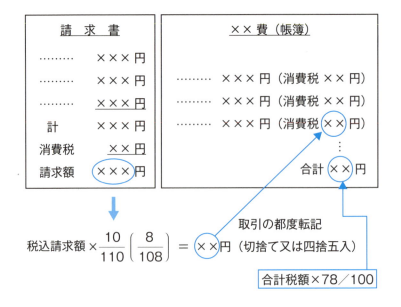

この「帳簿積上方式」は、上記の「請求書等積上方式」と併用することができます（インボイス通達4－3,4－4）。

請求書等積上方式は、取引ごとに税額を集計する必要がありますので、入力処理が煩雑になることが危惧されます。帳簿積上方式は、会計ソフトに税込金額を入力することにより消費税額等を自動計算できるので、効率と節税の面からも実用的な計算方法ではないかと思われます。

○特例2（総額割戻方式）

売上税額の計算で「総額割戻方式」を採用している事業者は、税込課税仕入高を割り戻して仕入税額を計算することができます（消令46③）。

$$\boxed{\text{税込課税売上高の}\atop\text{納税期間中の合計額}} \times \frac{100}{110}\left(\frac{100}{108}\right) = \text{仕入税額}$$

この「総額割戻方式」は、売上税額の計算で「総額割戻方式」を採用している場合に限り認められます。したがって、売上税額の計算で「適格請求書等積上方式」を採用した場合はもちろんのこと、「適格請求書等積上方式」と「総額割戻方式」を併用した場合であっても、仕入税額の計算で「総額割戻方式」を採用することはできません。

また、「総額割戻方式」は、「請求書等積上方式」や「帳簿積上方式」と併用することができません（インボイス通達3－13（注）2、4－3）。

第6章／税額の計算方法が変わる！　107

売上税額の計算	**●原則（割戻計算）**◄┈┈┈┈┈┈┈┈┈┈┈┈┈┈┈┈┈┈┈┈┈ $\boxed{税込売上高} \times \dfrac{100}{110}\left(\dfrac{100}{108}\right) =$ 課税標準額（千円未満切捨） 課税標準額 $\times 7.8（6.24）\% =$ 売上税額
	○特例（積上計算）───────────── $\boxed{適格請求書等に記載された 10\%(8\%) の消費税額等} \times \dfrac{78}{100} = \boxed{売上税額}$ $\vdots$ 売上税額の合計額 ※割戻計算と積上計算は、取引先単位又は事業単位で併用することができる
仕入税額の計算	**●原則（積上計算）**◄───────────── $\boxed{適格請求書等に記載された 10\%(8\%) の消費税額等} \times \dfrac{78}{100} = \boxed{仕入税額}$ $\vdots$ 仕入税額の合計額 ※消費税額等の記載がない適格簡易請求書や旅費などについては割戻計算を併用する必要がある
	○特例 1（帳簿積上計算）◄──────── $\boxed{取引ごとの税込仕入高} \times \dfrac{10}{110}\left(\dfrac{8}{108}\right) = \boxed{消費税額等}$ …帳簿へ記載 消費税額等の合計額 $\times \dfrac{78}{100} =$ 仕入税額
	○特例 2（割戻計算）┈┈┈┈┈┈┈┈┈┈┈┈┈ $\boxed{税込仕入高の課税期間中の合計額} \times \dfrac{7.8}{110}\left(\dfrac{6.24}{108}\right) =$ 仕入税額 ※売上税額で割戻計算をしている場合に限り適用することができる（割戻計算と積上計算を併用している場合には適用できない）

第7章

登録の取消しはどうする？

1 納税義務とインボイスの関係／110
2 登録の取消し①／111
3 登録の取消し②／114

1 納税義務とインボイスの関係

Q39

適格請求書発行事業者の基準期間における課税売上高が1,000万円以下になった場合には、納税義務が免除されることにより、インボイスを発行することもできなくなるのでしょうか？

A <u>適格請求書発行事業者は、「適格請求書発行事業者の登録の取消しを求める旨の届出書」を提出しない限り、納税義務は免除されません</u>（消法9①）。

したがって、基準期間における課税売上高が1,000万円以下になった場合でも、課税事業者として申告義務があるとともに、インボイスを発行することができます。

インボイスの登録をして適格請求書発行事業者になるということは、課税事業者を選択することと何ら変わるものではありません。したがって、取引の都合上インボイスの登録をしたような小規模事業者は、取引先や事業形態の変更などによりインボイスの発行が必要なくなった場合には、「適格請求書発行事業者の登録の取消しを求める旨の届出書」の提出を忘れないようにしてください。

2 登録の取消し①

Q40

Q39 に関連して質問します。「課税事業者選択届出書」を提出し、課税事業者となった上で「適格請求書発行事業者の登録申請書」を提出している事業者は、「適格請求書発行事業者の登録の取消しを求める旨の届出書」を提出することにより、免税事業者になることができますか？

A 「課税事業者選択届出書」を提出した事業者は、「適格請求書発行事業者の登録の取消しを求める旨の届出書」を提出した場合であっても、「課税事業者選択不適用届出書」を提出しない限り、免税事業者になることはできません。また、「課税事業者選択不適用届出書」を提出した場合であっても、登録の効力が失効しない限り、免税事業者になることはできないのでご注意ください（インボイス通達2－5）。

つまり、「課税事業者選択届出書」と「適格請求書発行事業者の登録申請書」を提出している事業者は、事実上「ダブルロック」された状態になっていますので、免税事

第7章／登録の取消しはどうする？　111

業者になろうとする場合には、「課税事業者選択不適用届出書」と「適格請求書発行事業者の登録の取消しを求める旨の届出書」のどちらも提出しないと免税事業者になることはできないことになるのです。

　なお、令和5年10月1日の属する課税期間中に登録を受けた免税事業者は、「課税事業者選択届出書」を提出しなくても適格請求書発行事業者になることができますので、「適格請求書発行事業者の登録の取消しを求める旨の届出書」を提出すれば、「課税事業者選択不適用届出書」を提出しなくとも免税事業者になることができます（**Q15**参照）。

登録の取消し①　Q40

第3号様式

適格請求書発行事業者の登録の取消しを求める旨の届出書

収受印			
令和　年　月　日	届出者	（フリガナ）納　税　地	（〒　　－　　） （電話番号　　－　　－　　）
		（フリガナ）氏　名　又　は名　称　及　び代　表　者　氏　名	
＿＿＿＿＿税務署長殿		法　人　番　号	※　個人の方は個人番号の記載は不要です。
		登　録　番　号　T	

下記のとおり、適格請求書発行事業者の登録の取消しを求めますので、消費税法第57条の2第10項第1号の規定により届出します。

登録の効力を失う日	令和　　　年　　　月　　　日
	※　登録の効力を失う日は、届出書を提出した日の属する課税期間の翌課税期間の初日となります。 　ただし、この届出書を提出した日の属する課税期間の末日から起算して30日前の日から当該課税期間の末日までの間に提出した場合は、翌々課税期間の初日となります。 　登録の効力を失った旨及びその年月日は、国税庁ホームページで公表されます。
適格請求書発行事業者の登録を受けた日	令和　　　年　　　月　　　日
参　考　事　項	
税　理　士　署　名	

> 届出書の提出が最終月となった場合、効力の失効は翌々課税期間からとなります。
> （例）9月決算法人が、基準期間における課税売上高が1,000万円以下となったことにより、決算月（9月中）に「適格請求書発行事業者の登録の取消しを求める旨の届出書」を提出しても、その翌課税期間から免税事業者になることはできません。

※税務署処理欄	整理番号			部門番号			年　月　日	確認
	届出年月日	年　月　日	入力処理	年　月　日	番号確認			

注意　1　記載要領等に留意の上、記載してください。
　　　2　税務署処理欄は、記載しないでください。

第7章／登録の取消しはどうする？　113

3 登録の取消し②

Q41

　基準期間における課税売上高が 1,000 万円以下になった適格請求書発行事業者が免税事業者になる場合の手続きについて教えてください。

A　適格請求書発行事業者が免税事業者になるためには、「適格請求書発行事業者の登録の取消しを求める旨の届出書」を税務署長に提出する必要があります。

　適格請求書発行事業者が「適格請求書発行事業者の登録の取消しを求める旨の届出書」を税務署長に提出した場合には、適格請求書の登録が取り消され、次表の日より効力が失効します（消法 57 の 2 ⑩一）。

　「適格請求書発行事業者の登録申請書」の場合には、たとえ課税期間の中途であっても登録がされた日から適格請求書発行事業者としてインボイスを発行することができます。これに対し、「適格請求書発行事業者の登録の取消しを求める旨の届出書」を提出した場合には、課税期間サイクルでインボイスの効力が失効することとなりますので注意が必要です。

提出期限	効力失効日
提出日の属する課税期間の末日の30日前よりも前に提出した場合	提出日の属する課税期間の翌課税期間の初日
提出日の属する課税期間の末日の30日前以後に提出した場合	提出日の属する課税期間の翌々課税期間の初日

●課税期間の末日の30日前よりも前に届出書を提出した場合

●課税期間の末日の30日前以後に届出書を提出した場合

❖ 適格請求書発行事業者である期間の前後における取扱い

①	適格請求書発行事業者が適格請求書発行事業者でなくなった後、インボイスの交付を求められたとき（インボイス通達3－6）	インボイスを交付しなければならない。
②	登録前の売上げについて、登録後に売上げに係る対価の返還等を行う場合（インボイス通達3－14）	（登録前が免税事業者の場合）「返還等対価に係る税額」の控除はできないこととなり、また、適格返還請求書の交付は不要となる。
		（登録前が課税事業者の場合）「返還等対価に係る税額」の控除はできるが、適格返還請求書の交付は不要となる。
③	適格請求書発行事業者だった課税期間中の売上げにつき、適格請求書発行事業者でなくなった後で対価の返還等をした場合（インボイス通達3－15）	適格返還請求書を交付しなければならない。

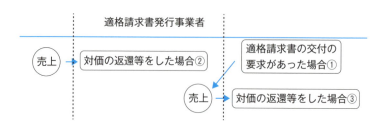

第8章

こんなときどうする？
よくある疑問と回答

1 家事共用資産の取扱い①／118

2 家事共用資産の取扱い②／120

3 共有物の譲渡／121

4 立替金の取扱い／122

5 口座振替（振込）家賃の取扱い／124

6 会計処理とインボイスの関係①／126

7 会計処理とインボイスの関係②／127

8 控除対象外消費税額等の処理方法／128

9 任意組合等の適格請求書等の交付／144

家事共用資産の取扱い①

Q42

個人事業者が家事共用資産を売却する場合に交付するインボイスはどのように作成したらよいですか？

A 個人事業者が家事共用資産を譲渡する場合には、事業用部分を合理的に区分した上で、事業用部分の取引金額をもとにインボイスに記載すべき金額等を計算することとなります（インボイス通達3-4）。

＜計算例＞

事業共用割合が90％の中古車両を20万円で売却する場合には、適格請求書に記載すべき金額は次のように計算します。

200,000円×90％＝180,000円

180,000円×10／110≒16,363円

この場合に発行するインボイスとしては、次頁のようなひな型が想定されます。

家事共用資産の取扱い①　Q42

```
                        領収書

 ㈱○○御中                              ○年○月○日


    ××下取価額
    （内訳）
    家事使用分    20,000 円
    10％対象     180,000 円（うち消費税 16,363 円）
                 200,000 円


  △△税理士事務所            登録番号 Ｔ－×××××
```

　ところで、古物商（中古車買取業者など）が適格請求書発行事業者でない他の者から買い受けた販売用の古物（中古自動車）については、帳簿の保存のみにより、仕入税額控除を認めることとしています（**Q34** の③参照）。本問のケースでは、適格請求書発行事業者として課税資産を譲渡しますので、この取扱いはありません。結果、中古車買取業者は、下取先が適格請求書発行事業者かどうかを買取りの都度確認しなければいけないことになるのでしょうか？

　また、中古資産を売却するような場合には、要求されなければインボイスを発行しないこともあろうかと思われますので、現実の実務においては、適格請求書発行事業者かどうかに関係なく、仕入税額控除を認めるような取扱いが必要ではないかと思われます。

第８章／こんなときどうする？　よくある疑問と回答　119

家事共用資産の取扱い②

Q43 個人事業者が家事共用資産を取得した場合の仕入控除税額の計算はどうなりますか?

A 個人事業者が家事共用資産を取得した場合には、<u>使用率、使用面積割合等の合理的な基準により消費税額又は課税仕入高を区分した上で、事業用部分だけが仕入控除税額の計算に取り込まれることとなります</u>(インボイス通達4-1)。

＜計算例＞

車両を220万円(うち消費税20万円)で取得した場合の課税仕入れ等の税額は次のように計算します(事業共用割合90%)。

積上計算	200,000円×90%＝180,000円
割戻計算	2,200,000円×90%×10／110＝180,000円

3 共有物の譲渡

Q44

　夫婦での共有物件を店舗として賃貸しています。私の年間家賃収入は、他の物件も含めると1,000万円を超えるので、私は適格請求書発行事業者の登録申請を予定しています。妻の所有する賃貸物件はこの共有物件だけであり、年間の家賃収入は1,000万円未満であることから、妻は適格請求書発行事業者の登録申請はしないつもりです。私の発行する適格請求書はどのように作成したらよいでしょうか？

A 　適格請求書発行事業者でない共同所有者とともに共有物の譲渡又は貸付けを行う場合には、対価の額を持分割合などで合理的に区分した上で、自己の適格請求書を発行する必要があります（インボイス通達3－5、インボイスQ＆A問33）。よって、一の請求書や領収書により共同所有者がまとめて決済するよりも、所有者ごとの書類を準備して決済した方がわかりやすいです。あるいは、妻にも適格請求書発行事業者の登録申請をさせた上で、簡易課税制度の適用を検討してみるのもよいでしょう。

第8章／こんなときどうする？　よくある疑問と回答　121

4 立替金の取扱い

Q45

立替金を精算した場合には、受領するインボイスには立替払をした取引先の名称が記載されており、当社の名称が記載されていませんので、仕入税額控除はできないことになるのでしょうか？

A 他の者が立替払をした経費などの精算については、他の者が受領したインボイスのコピーとともに、立替金精算書等の書類の保存を要件に仕入税額控除を認めることとしています。

この場合において、他の者（立替者）が適格請求書発行事業者であるかどうかは問いません（インボイス通達4－2、インボイスQ＆A問64）。

また、インボイスのコピーが大量になるなど、事務的な諸事情がある場合には、立替金精算書等の書類の保存だけでよいこととされています。

立替金の取扱い Q45

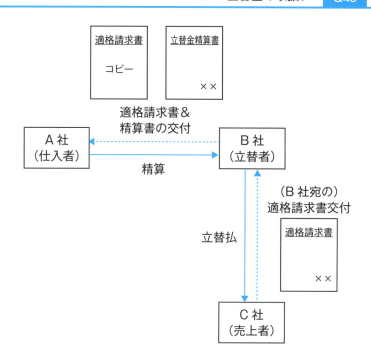

第8章／こんなときどうする？　よくある疑問と回答　123

5 口座振替（振込）家賃の取扱い

Q46

毎月銀行口座に振込になる家賃についても、毎月店子にインボイスを交付しなければならないのでしょうか？

A 口座振替や振込より決済される家賃や税理士報酬等については、<u>登録番号などの必要事項が記載された契約書とともに日付と金額が印字された通帳を保存することにより、仕入税額控除の要件を満たすこととなります。</u>

なお、請求書等が発行されない不動産の賃貸借取引などについては、中途で貸主が適格請求書発行事業者でなくなることも想定されますので、国税庁のHPで貸主の状況を確認した上で仕入控除税額の計算をする必要があります（インボイスQ&A問65）。

インボイスの記載事項については、次頁のように契約書と通帳により確認することになりますので、必要に応じて契約書の巻き直しのための準備などを始める必要がありそうです。あるいは、必要事項を記載した書類を交付してもよいでしょう。

124

口座振替（振込）家賃の取扱い　Q46

インボイスの記載事項	記載書類
① 適格請求書発行事業者の氏名又は名称	契約書
② 登録番号	契約書
③ 取引年月日	通帳
④ 取引内容	契約書
⑤ 税率区分ごとに合計した取引金額	通帳
⑥ ⑤に対する消費税額等及び適用税率	契約書
⑦ 請求書等受領者の氏名又は名称	契約書

6 会計処理と インボイスの関係①

Q47

当社では消費税に関する会計処理として税抜経理方式を採用していますが、免税事業者からの課税仕入れについて、仮払消費税等を計上することはできますか?

A 課税取引について、その取引金額を税抜価額と消費税額等に区分し、売上げに係る消費税額等は「**仮受消費税等**」、仕入れに係る消費税額等は「**仮払消費税等**」として別建で記帳する方法を「**税抜経理方式**」といいます。

免税事業者はインボイスを発行することができませんので、免税事業者からの課税仕入れについては、原則として仕入税額控除はできません。結果、仮払消費税等を計上することもできないことになります（新経理通達14の2）。

したがって、免税事業者から減価償却資産を取得した場合には、取得価額の全額をもとに減価償却費を計算することになります。

会計処理とインボイスの関係②

Q48

Q47に関連して質問します。31頁の解説によると、免税事業者からの課税仕入れであっても、経過措置として、税額の80%（50%）を仕入控除税額の計算に取り込むことができますが、この場合の処理はどうなりますか？

A 仮払消費税等の金額と減価償却資産の取得価額は下記＜具体例＞のようになります（新経理通達3の2－経過的取扱い(2)）。

〈具体例〉 免税事業者から備品を110万円で購入した場合

減価償却資産の取得期間	仮払消費税等の金額	減価償却資産の取得価額
令和5年10月1日～令和8年9月30日	110万円×10／110＝10万円 10万円×80％＝8万円	110万円－8万円＝102万円
令和8年10月1日～令和11年9月30日	110万円×10／110＝10万円 10万円×50％＝5万円	110万円－5万円＝105万円
令和11年10月1日～	ゼロ	110万円

第8章／こんなときどうする？ よくある疑問と回答　127

8 控除対象外消費税額等の処理方法

Q49

　税抜経理方式を採用した場合に計上する仮払消費税等と仮受消費税等は、決算修正で消却し、貸借の差額を雑損失又は雑収入として処理することになります。

（仮受消費税等）××　　（仮払消費税等）××
　　　　　　　　　　　　（未払消費税等）××

　この場合において、仮払消費税等のうち、控除対象外消費税額等に該当する部分については特別な経理が必要とのことですが、この「控除対象外消費税額等」の処理方法について説明してください。

A　税抜方式を採用した場合において、控除できずに残ってしまった仮払消費税等のことを「**控除対象外消費税額等**」といいます。例えば、課税売上割合が60％で、一括比例配分方式を採用

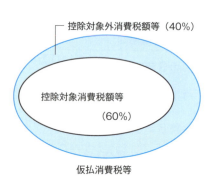

した場合には、仮払消費税等のうち、控除できずに残ってしまった40％相当額が控除対象外消費税額等になります。

　控除対象外消費税額等のうち、下記①～③に該当するものについては、支出時に費用処理することができます。
① 課税売上割合が80％以上の場合
② 個々の資産に対する控除対象外消費税額等の金額が20万円未満のもの
③ 棚卸資産に関する控除対象外消費税額等

　控除対象外消費税額等について注意を要するのは、固定資産を購入した年又は事業年度における課税売上割合が80％未満で、かつ、その固定資産に係る控除対象外消費税額等が20万円以上の場合です。この場合には、その控除対象外消費税額等については、次のいずれかの方法により処理することとされています（所令182の2、法令139の4）。

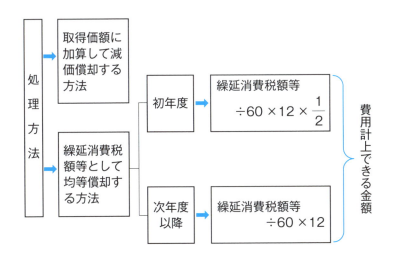

参　考

　新経理通達 Q&A の 6 頁では、「法人の会計においては、消費税等の影響を損益計算から排除する目的や、そもそも会計ソフトがインボイス制度に対応していないなどの理由で、適格請求書発行事業者以外の者からの課税仕入れについて仮払消費税等を計上することが考えられます」とした上で、会計上、インボイス制度導入前の金額で仮払消費税等を計上した場合の法人税の取扱いを下記のように整理して、呆れるほど詳細に解説しています。

課税仕入れを行った期間	法人税の取扱い（別表による調整金額）	Q&A の問の番号
令和 5 年 10 月 1 日 〜 令和 8 年 9 月 30 日	免税事業者から減価償却資産を取得した場合	問 8
令和 8 年 10 月 1 日 〜 令和 11 年 9 月 30 日	免税事業者から減価償却資産を取得した場合	問 9
令和 11 年 10 月 1 日 〜	免税事業者から減価償却資産を取得した場合	問 5
	免税事業者から棚卸資産を取得した場合	問 6
	免税事業者に経費等を支出した場合	問 7

　この新経理通達 Q&A の【解説】はいささか難解であることから、著者がアレンジして各問ごとに【説明】を加えることとします。ただ、私見ではありますが、下記の各問

のような複雑な別表調整をするくらいなら、決算修正仕訳で税務上の適正額に修正してから法人税の申告書の作成作業に移行することを検討すべきではないでしょうか？

❖令和5年10月1日～令和8年9月30日期間中に免税事業者から減価償却資産を取得した場合の取扱い

問8　当社（9月決算法人、金融業）は、インボイス制度導入後である令和5年10月1日に免税事業者から国内にある店舗用の建物を取得し、その対価として1,320万円を支払いました。当社は税抜経理方式で経理しており、本件取引について支払対価の額の110分の10相当額を仮払消費税等の額として経理しました。また、当社の消費税の課税期間は事業年度と一致しており、当該課税期間の課税売上割合は50％で、仕入税額控除の計算は一括比例配分方式を適用しているところ、当該事業年度において仮払消費税等の額として経理した金額は本件取引に係る120万円のみで、このほか仮受消費税等の額として経理した金額が120万円ありました。決算時において、納付すべき消費税等の額が72万円算出されたため、仮受消費税等の額から仮払消費税等の額を控除した金額との間に差額が72万円生じることとなり、その差額を雑損失として計上しました。この場合の課税仕入れに係る法人税の取扱いはどうなりますか。

　なお、この建物は取得後直ちに事業の用に供しており、耐用年数20年で定額法により減価償却費を算出しています。

第8章／こんなときどうする？　よくある疑問と回答　131

〔取得時〕

(借方) 建　　　　　物　12,000,000 円　(貸方) 現　　　　　金　13,200,000 円

　　　　仮払消費税等　　1,200,000 円

〔決算時〕

(借方) 減 価 償 却 費　　600,000 円　(貸方) 建　　　　　物　　600,000 円

　　　　仮受消費税等　　1,200,000 円　　　　　仮払消費税等　1,200,000 円

　　　　雑　損　　失　　　720,000 円　　　　　未払消費税等　　720,000 円

【回答】

　以下のような申告調整を行います。

・別表四　所得の金額の計算に関する明細書

区　　分		総　　額	処　　分	
			留　保	社外流出
加算	減価償却の償却超過額	228,000 円	228,000 円	
	控除対象外消費税額等の損金算入限度超過額	432,000 円	432,000 円	

・別表五㈠　利益積立金額及び資本金等の額の計算に関する明細書

I　利益積立金額の計算に関する明細書				
区　　分	期 首 現 在利益積立金額	当期の増減		差引翌期首現在利 益 積 立 金 額
		減	増	
建物減価償却超過額			228,000 円	228,000 円
繰延消費税額等			432,000 円	432,000 円

【説明】

1　決算修正で税務上の適正額に修正するケース

○決算修正により建物の帳簿価額を税務上の適正額に修正

　すると 12,240,000 円（12,000,000 円 + 240,000 円）、仮払

　消費税等の金額は 960,000 円（1,200,000 円 − 240,000 円）

　になります。

　（建　　　　物）240,000　　（仮払消費税等）240,000

　　　　　　　　　　⬆

　　　1,200,000 ×（1 − 80％）= 240,000

132

控除対象外消費税額等の処理方法　Q49

12,240,000 円 × 0.05 ＝ 612,000 円……建物の償却限度額

（減価償却費）612,000　　（建　　　物）612,000

○繰延消費税額等の金額は 480,000 円、償却限度額は 48,000 円となり、仮払消費税等の残額は 480,000 円（960,000 円 − 480,000 円）になります。

1,200,000 円 × 80％ ×（1 − 50％）＝ 480,000 円…建物に係る控除対象外消費税額等の金額

↑
課税売上割合

480,000 円 ÷ 60 × 12 × 1／2 ＝ 48,000 円…繰延消費税額等の償却限度額

（繰延消費税額等）	480,000	（仮払消費税等）	480,000
（繰延消費税等償却額）	48,000	（繰延消費税額等）	48,000
（仮受消費税等）	1,200,000	（仮払消費税等）	480,000
		（未払消費税等）	720,000

2　法人税法別表四・五㈠により調整するケース（問８の回答）

○仮払消費税等を経由して雑損失に振り替えられた仮払消費税等の金額 240,000 円は、償却費として損金経理をした金額に含まれることとなる（新経理通達３の２ (1) の（注））ので、減価償却の償却超過額は 228,000 円となります。

（600,000 円 ＋ 240,000 円）− 612,000 円（建物の償却限度額）

第８章／こんなときどうする？　よくある疑問と回答　133

= 228,000

○雑損失として損金経理した 720,000 円から建物の減価償却費となる 240,000 円を差し引いた残額（480,000 円）が、繰延消費税額等の損金算入額となるので、繰延消費税額等の償却超過額は 432,000 円となります。

480,000 円 − 48,000 円（繰延消費税額等の償却限度額）

= 432,000 円

❖令和8年10月1日〜令和11年9月30日期間中に免税事業者から減価償却資産を取得した場合の取扱い

問9　当社（9月決算法人、金融業）は、インボイス制度導入後である令和8年10月1日に免税事業者から国内にある店舗用の建物を取得し、その対価として 1,320 万円を支払いました。当社は税抜経理方式で経理しており、本件取引について支払対価の額の 110 分の 10 相当額を仮払消費税等の額として経理しました。また、当社の消費税の課税期間は事業年度と一致しており、当該課税期間の課税売上割合は 50％で、仕入税額控除の計算は一括比例配分方式を適用しているところ、当該事業年度において仮払消費税等の額として経理した金額は本件取引に係る 120 万円のみで、このほか仮受消費税等の額として経理した金額が 120 万円ありました。決算時において、納付すべき消費税等の額が 90 万円算出されたため、仮受消費税等の額から仮払消費税等の額を控除した金額との間に差額が 90 万円生じることとなり、その差額を雑損失として計

控除対象外消費税額等の処理方法　Q49

上しました。この場合の課税仕入れに係る法人税の取扱いはどうなりますか。

　　なお、この建物は取得後直ちに事業の用に供しており、耐用年数20年で定額法により減価償却費を算出しています。

〔取得時〕

| (借方)建 | 物 | 12,000,000 円 | (貸方)現 | 金 | 13,200,000 円 |
| 仮払消費税等 | | 1,200,000 円 | | | |

〔決算時〕

(借方)減 価 償 却 費	600,000 円	(貸方)建	物	600,000 円
仮受消費税等	1,200,000 円	仮払消費税等		1,200,000 円
雑 損 失	900,000 円	未払消費税等		900,000 円

【回答】

　以下のような申告調整を行います。

・別表四　所得の金額の計算に関する明細書

| 区　分 | | 総　額 | 処　分 | |
			留　保	社外流出
加算	減価償却の償却超過額	570,000 円	570,000 円	
	控除対象外消費税額等の損金算入限度超過額	270,000 円	270,000 円	

・別表五(一)　利益積立金額及び資本金等の額の計算に関する明細書

| I　利益積立金額の計算に関する明細書 | | | | |
| 区　分 | 期 首 現 在利益積立金額 | 当期の増減 | | 差引翌期首現在利益積立金額 |
		減	増	
建物減価償却超過額			570,000 円	570,000 円
繰延消費税額等			270,000 円	270,000 円

第8章／こんなときどうする？　よくある疑問と回答　135

【説明】

1　決算修正で税務上の適正額に修正するケース

○決算修正により建物の帳簿価額を税務上の適正額に修正すると 12,600,000 円（12,000,000 円 + 600,000 円）、仮払消費税等の金額は 600,000 円（1,200,000 円 - 600,000 円）になります。

（建　　　物）600,000　（仮払消費税等）600,000

1,200,000 × （1 - 50%）= 600,000

12,600,000 円 × 0.05 = 630,000 円…建物の償却限度額

（減価償却費）630,000　　（建　　　物）630,000

○繰延消費税額等の金額は 300,000 円、償却限度額は 30,000 円となり、仮払消費税等の残額は 300,000 円（600,000 円 - 300,000 円）になります。

1,200,000 円 × 50% × （1 - 50%）= 300,000 円…建物に係る控除対象外消費税額等の金額

課税売上割合

300,000 円 ÷ 60 × 12 × 1／2 = 30,000 円…繰延消費税額等の償却限度額

（繰延消費税額等）	300,000	（仮払消費税等）	300,000
（繰延消費税等償却額）	30,000	（繰延消費税額等）	30,000
（仮受消費税等）	1,200,000	（仮払消費税等）	300,000
		（未払消費税等）	900,000

控除対象外消費税額等の処理方法 **Q49**

2 法人税法別表四・五㈠により調整するケース（問9の回答）

○仮払消費税等を経由して雑損失に振り替えられた仮払消費税等の金額600,000円は、償却費として損金経理をした金額に含まれることとなる（新経理通達3の2（1）の（注））ので、減価償却の償却超過額は570,000円となります。

（600,000円＋600,000円）－630,000円（建物の償却限度額）＝570,000円

○雑損失として損金経理した900,000円から建物の減価償却費となる600,000円を差し引いた残額（300,000円）が、繰延消費税額等の損金算入額となるので、繰延消費税額等の償却超過額は270,000円となります。

300,000円－30,000円（繰延消費税額等の償却限度額）＝270,000円

❖令和11年10月1日以後に免税事業者から減価償却資産を取得した場合の取扱い

問5 当社（9月決算法人、飲食業）は、インボイス制度導入後である令和11年10月1日に免税事業者から国内にある店舗用の建物を取得し、その対価として1,100万円を支払いました。当社は税抜経理方式で経理しており、本件取引について支払対価の額の110分の10相当額を仮払消費税等の額として経理し、決算時に雑損失として計上し

第8章／こんなときどうする？　よくある疑問と回答　137

ましたが、この場合の課税仕入れに係る法人税の取扱い
はどうなりますか。

　なお、この建物は取得後直ちに事業の用に供してお
り、耐用年数20年で定額法により減価償却費を算出し
ています。

〔取得時〕

(借方)建　　　　物 10,000,000 円　(貸方)現　　　　金 11,000,000 円
　　　仮払消費税等　1,000,000 円

〔決算時〕

(借方)減 価 償 却 費　 500,000 円　(貸方)建　　　　物　 500,000 円
　　　仮受消費税等　1,000,000 円　　　　仮払消費税等　1,000,000 円

【回答】

　以下のような申告調整を行います。

・別表四　所得の金額の計算に関する明細書

区　　分		総　　額	処　　分	
			留　保	社外流出
加算	減価償却の償却超過額	950,000 円	950,000 円	

・別表五㈠　利益積立金額及び資本金等の額の計算に関する明細書

I　利益積立金額の計算に関する明細書				
区　　分	期首現在利益積立金額	当期の増減		差引翌期首現在利益積立金額
		減	増	
建物減価償却超過額			950,000 円	950,000 円

【説明】

1　決算修正で税務上の適正額に修正するケース

　決算修正により建物の帳簿価額を税務上の適正額に修正
すると 11,000,000 円（10,000,000 円＋ 1,000,000 円）になり
ます。

138

控除対象外消費税額等の処理方法　Q49

$$（建\quad 物）1,000,000\qquad （仮払消費税等）1,000,000$$

$11,000,000 円 \times 0.05 = 550,000 円 \cdots 建物の償却限度額$

$$（減価償却費）550,000\qquad （建\qquad 物）550,000$$

2　法人税法別表四・五㈠により調整するケース（問5の回答）

　仮払消費税等を経由して雑損失に振り替えられた金額 1,000,000 円は、償却費として損金経理をした金額に含まれることとなる（新経理通達3の2（1）の（注））ので、減価償却の償却超過額は 950,000 円となります。

$500,000 円 + 1,000,000 円 - 550,000 円（建物の償却限度額）$
$\quad = 950,000$

❖ 令和11年10月1日以後に免税事業者から棚卸資産を取得した場合の取扱い

問6　当社（9月決算法人、小売業）は、インボイス制度導入後である令和12年9月1日に免税事業者から国内にある商品（家具）20個を仕入れ、その対価として220万円（11万円×20個）を支払いました。当社は税抜経理方式で経理しており、本件取引について支払対価の額の110分の10相当額を仮払消費税等の額として経理し、決算時に雑損失として計上しました。また、この商品のうち10個は期末時点で在庫として残っています。この場合の課税仕入れに係る法人税の取扱いはどうなりますか。

第8章／こんなときどうする？　よくある疑問と回答　139

〔仕入時〕

(借方)建　　　　物　2,000,000 円　(貸方)現　　　　　金　2,200,000 円

　　　　仮払消費税等　　200,000 円

〔決算時〕

(借方)商　　　　品　1,000,000 円　(貸方)仕　　　　　入　1,000,000 円

　　　　雑　損　失　　200,000 円　　　　仮払消費税等　　200,000 円

【回答】

　以下のような申告調整を行います。

・別表四　所得の金額の計算に関する明細書

区　　　分		総　　額	処　　　分	
			留　保	社外流出
加算	雑損失の過大計上	100,000 円	100,000 円	

・別表五㈠　利益積立金額及び資本金等の額の計算に関する明細書

I　利益積立金額の計算に関する明細書				
区　　　分	期 首 現 在利益積立金額	当期の増減		差引翌期首現在利 益 積 立 金 額
		減	増	
商品			100,000 円	100,000 円

【説明】

1　決算修正で税務上の適正額に修正するケース

　決算修正により仕入の帳簿価額を税務上の適正額に修正すると 2,200,000 円（2,000,000 円＋ 200,000 円）になります。また、期中に販売した商品に係る部分の金額は売上原価として当事業年度の損金の額に算入されることから、期末在庫 10 個分だけを税込金額により評価することとなります。

|（仕 入）| 200,000 |（仮払消費税等）| 200,000 |
|（商 品）| 1,100,000 |（期末商品棚卸高）| 1,100,000 |

2 法人税法別表四・五㈠により調整するケース（問6の回答）

　雑損失として計上した200,000円のうち、期中に販売した商品に係る部分の金額は売上原価として当事業年度の損金の額に算入されていることから、期末在庫10個分だけを雑損失の過大計上額として別表調整することになります。

❖ 令和11年10月1日以後に免税事業者に経費等を支出した場合の取扱い

> **問7** 当社（9月決算法人、小売業）は、全社員の慰安のため、インボイス制度導入後である令和12年9月1日に免税事業者が営む国内の店舗において飲食を行い、その対価として11万円を支払いました。当社は税抜経理方式で経理しており、本件取引について支払対価の額の110分の10相当額を仮払消費税等の額として経理し、決算時に雑損失として計上しました。この場合の課税仕入れに係る法人税の取扱いはどうなりますか。
>
> 〔支出時〕
>
> （借方）福 利 厚 生 費　100,000円　（貸方）現 　　金　110,000円
> 　　　　仮払消費税等　　10,000円
>
> 〔決算時〕
>
> （借方）雑 　損 　失　　10,000円　（貸方）仮払消費税等　10,000円

第8章／こんなときどうする？　よくある疑問と回答　141

【回答】

　申告調整は不要です。

【説明】

　決算修正により福利厚生費の帳簿価額を税務上の適正額に修正すると 110,000 円（100,000 円 + 10,000 円）になります。ただし、福利厚生費は単純損金となる費用であるから、決算時に雑損失として仮払消費税等を損金計上したとしても、税務上の申告調整は不要となります。

❖ 免税事業者が税抜経理方式を採用した場合

　免税事業者については、法人税の課税所得金額の計算上、税抜経理方式は認められません（新経理通達 5）。しかし、新設の SPC などについては、免税事業者であるにもかかわらず、監査法人の要請により税抜経理方式の採用を指示されることがあります。このような場合、決算書上は棚卸資産や減価償却資産については税抜金額で計上しなければなりません。また、交際費や寄附金についても税抜金額で計上することとなりますので、法人税の課税所得金額の計算では、これらの金額を法人税法別表四で調整（税込金額に修正）する必要があるのです。

　このような場合には、Q&A の「Ⅲ 会計上、インボイス制度導入前の金額で仮払消費税等を計上した場合の法人税の取扱い」問 5〜問 9 を参考に、税務調整すべき金額を検討すればよいものと思われます。

142

Column

富 裕 税

　税理士法は、カール・シャウプ博士を団長とする使節団が発表した「シャウプ勧告」を受け、昭和26年に成立し、同年6月15日に公布、7月15日に施行されました。

　戦後、所得税の最高税率が75％であった日本では、インフレのあおりを受け、昭和22年に最高税率がさらに85％に引上げになりました。シャウプ勧告は、このように高い税率は、勤労意欲の低下などのさまざまな弊害を生むことから、所得税の最高税率を下げ、それを補うための補完税として富裕税を導入するように勧告しました。この結果、昭和25年に所得税の最高税率が55％に抑えられ、同時に0.5～3％の累進税率で富裕税が導入されたのです。

　しかし、富裕税は税収総額が多くなく、資産の把握が実務上困難であるなどの理由により昭和28年に廃止され、代わりに所得税の最高税率が65％に引上げになったという経緯があります。

　経済が低迷する最中、「金持ちから税金を取れ！」との掛け声の下、高級外車や毛皮のコート、貴金属などの贅沢品を対象とした個別物品税の復活を望む声があるようです。さて、どうなることでしょう……。

9 任意組合等の適格請求書等の交付

Q50

任意組合であるJVを組成して建設工事を受注する場合には、各組合員がそれぞれインボイスを発行する必要があるのでしょうか？

A 民法上の組合、投資事業有限責任組合、有限責任事業組合等については、「**任意組合等の組合員の全てが適格請求書発行事業者である旨の届出書**」を税務署長に届け出た場合に限り、インボイスの交付ができます。また、届出書の記載事項に変更があった場合には、組合契約書などの書類の写しを添付した「**任意組合等の組合員の全てが適格請求書発行事業者である旨の届出事項の変更届出書**」を速やかに税務署長に届け出ることが義務付けられています。

ただし、任意組合等が解散し、かつ、その清算が結了した場合には、清算人は「**任意組合等の清算が結了した旨の届出書**」を業務執行組合員の納税地の所轄税務署長に届け出ることが義務付けられています（消法57の6、消令70の14、インボイスQ＆A問32）。

任意組合等の適格請求書等の交付 Q50

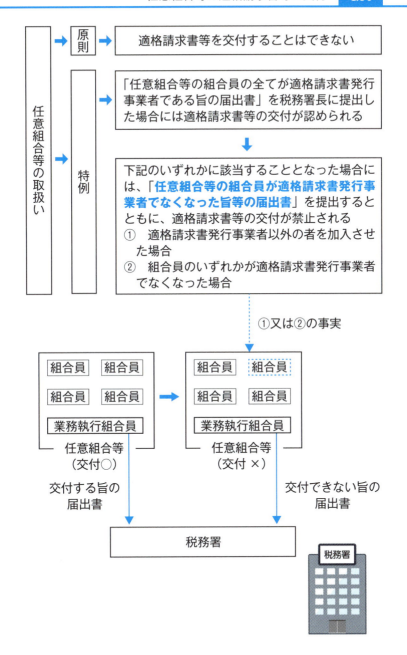

第8章／こんなときどうする？ よくある疑問と回答 145

第5号様式

任意組合等の組合員の全てが適格請求書発行事業者である旨の届出書

令和　年　月　日	届出者	（フリガナ）	
		納　税　地	（〒　　－　　） （電話番号　　　－　　　－　　　）
		（フリガナ）	
		氏 名 又 は 名 称 及 び 代 表 者 氏 名	
		法 人 番 号	※　個人の方は個人番号の記載は不要です。
＿＿＿＿＿　税務署長殿		登 録 番 号	T

　下記のとおり、任意組合等の組合員の全てが適格請求書発行事業者であるので、消費税法第57条の6第1項の規定により届出します。

（ フ リ ガ ナ ）	
任 意 組 合 等 の 名 称	
（ フ リ ガ ナ ）	
任 意 組 合 等 の 事 務 所 等 の 所 在 地	

	氏 名 又 は 名 称	登 録 番 号
届 出 者 以 外 の 全 て の 組 合 員 の 氏 名 又 は 名 称 及 び 登 録 番 号		T
		T
		T
		T
		T

事 業 内 容	
存 続 期 間	自 令和　年　　月　　日　至 令和　年　　月　　日
参 考 事 項	
税 理 士 署 名	 （電話番号　　　－　　　－　　　）

※税務署処理欄	整 理 番 号		部 門 番 号		通 信 日 付 印 年　月　日	確認
	届出年月日	年　月　日	入 力 処 理	年　月　日	番 号 確 認	

注意　1　記載要領等に留意の上、記載してください。
　　　2　税務署処理欄は、記載しないでください。
　　　3　任意組合等に係る組合契約の契約書その他これに類する書類の写しを添付してください。

第7号様式

任意組合等の組合員の全てが適格請求書 発行事業者である旨の届出事項の変更届出書

<table>
<tr>
<td rowspan="4">収受印

令和　年　月　日

＿＿＿＿＿　税務署長殿</td>
<td rowspan="4">届

出

者</td>
<td>（フリガナ）</td>
<td></td>
</tr>
<tr>
<td>納　税　地</td>
<td>（〒　　－　　　）

（電話番号　　　－　　　－　　　）</td>
</tr>
<tr>
<td>（フリガナ）
氏　名　又　は
名　称　及　び
代　表　者　氏　名</td>
<td></td>
</tr>
<tr>
<td>法　人　番　号</td>
<td>※　個人の方は個人番号の記載は不要です。</td>
</tr>
</table>

　下記のとおり、任意組合等の組合員の全てが適格請求書発行事業者である旨の届出書の届出事項に変更があったので、消費税法施行令第70条の14第3項の規定により届出します。

<table>
<tr>
<td colspan="2">（フリガナ）
任 意 組 合 等 の 名 称</td>
<td></td>
</tr>
<tr>
<td colspan="2">（フリガナ）
任 意 組 合 等 の
事 務 所 等 の 所 在 地</td>
<td></td>
</tr>
<tr>
<td rowspan="5">変
更
の
内
容</td>
<td>変 更 年 月 日</td>
<td>令和　　　年　　　月　　　日</td>
</tr>
<tr>
<td>変 更 事 項</td>
<td>□　任意組合等の名称
□　任意組合等の事務所等の所在地
□　業務執行組合員の氏名又は名称
□　業務執行組合員の納税地
□　組合員の氏名又は名称
□　事業内容
□　存続期間
□　その他
〔　　　　　　　　　　　　　　　　〕</td>
</tr>
<tr>
<td>（フリガナ）
変 更 前</td>
<td></td>
</tr>
<tr>
<td>（フリガナ）
変 更 後</td>
<td></td>
</tr>
<tr>
<td>参 考 事 項</td>
<td></td>
</tr>
<tr>
<td colspan="2">税 理 士 署 名</td>
<td>（電話番号　　　－　　　－　　　）</td>
</tr>
</table>

<table>
<tr>
<td rowspan="2">※
税務署処理欄</td>
<td>整 理 番 号</td>
<td></td>
<td colspan="2">部 門 番 号</td>
<td></td>
<td></td>
</tr>
<tr>
<td>届出年月日</td>
<td>　年　月　日</td>
<td>入 力 処 理</td>
<td>　年　月　日</td>
<td>番 号 確 認</td>
<td></td>
</tr>
</table>

注意　1　記載要領等に留意の上、記載してください。
　　　2　税務署処理欄は、記載しないでください。
　　　3　任意組合等に係る組合契約の契約書その他これに類する書類の写しを添付してください。

第8章／こんなときどうする？　よくある疑問と回答　147

第6号様式

任 意 組 合 等 の 組 合 員 が 適 格 請 求 書
発 行 事 業 者 で な く な っ た 旨 等 の 届 出 書

令和　年　月　日	届出者	（フリガナ）	
		納　税　地	（〒　　－　　　） （電話番号　　　－　　　－　　　）
		（フリガナ）	
		氏 名 又 は 名 称 及 び 代 表 者 氏 名	
＿＿＿＿＿＿ 税務署長殿		法 人 番 号	※ 個人の方は個人番号の記載は不要です。

　下記のとおり、組合員の全てが適格請求書発行事業者である任意組合等でなくなったので、消費税法第57条の6第2項の規定により届出します。

（ フ リ ガ ナ ）	
任 意 組 合 等 の 名 称	
（ フ リ ガ ナ ）	
任 意 組 合 等 の 事 務 所 等 の 所 在 地	
届 出 理 由 が 生 じ た 日	令和　　　年　　　月　　　日
届 出 理 由	□　適格請求書発行事業者以外の事業者を新たに組合員として加入させたため □　組合員のいずれかが適格請求書発行事業者でなくなったため
任意組合等の組合員の全てが 適格請求書発行事業者である 旨の届出書を提出した日	令和　　　年　　　月　　　日
参 考 事 項	
税 理 士 署 名	 （電話番号　　　－　　　－　　　）

※ 税務署処理欄	整 理 番 号		部 門 番 号		
	届出年月日	年　　月　　日	入 力 処 理	年　　月　　日	番 号 確 認

注意　1　記載要領等に留意の上、記載してください。
　　　2　税務署処理欄は、記載しないでください。

148

第8号様式

任意組合等の清算が結了した旨の届出書

収受印			(フ リ ガ ナ)	
令和　年　月　日	届	納　税　地	(〒　　－　　　)	
				(電話番号　　　－　　　－　　　)
	出	(フ リ ガ ナ)		
		氏 名 又 は 名 称 及 び 代 表 者 氏 名		
	者		※　個人の方は個人番号の記載は不要です。	
＿＿＿＿ 税務署長殿		法 人 番 号		

　下記のとおり、任意組合等の清算が結了したので、消費税法施行令第70条の14第4項の規定により届出します。

(フ リ ガ ナ)	
任 意 組 合 等 の 名 称	
(フ リ ガ ナ)	
任 意 組 合 等 の 事 務 所 等 の 所 在 地	
清 算 結 了 年 月 日	令和　　　年　　　月　　　日

任意組合等に係る組合員	届出者が業務執行組合員でない場合は、記載してください。	
	(フ リ ガ ナ)	
業務執行組合員	納　税　地	(〒　　－　　　)
	(フ リ ガ ナ)	
	氏 名 又 は 名 称 及 び 代 表 者 氏 名	

任 意 組 合 等 の 組 合 員 の 全 て が 適 格 請 求 書 発 行 事 業 者 で あ る 旨 の 届 出 書 を 提 出 し た 日	令和　　　年　　　月　　　日
参　　考　　事　　項	
税 理 士 署 名	
	(電話番号　　　－　　　－　　　)

※税務署処理欄	整 理 番 号		部 門 番 号			
	届出年月日	年　月　日	入 力 処 理	年　月　日	番 号 確 認	

注意　1　記載要領等に留意の上、記載してください。
　　　2　税務署処理欄は、記載しないでください。

第8章／こんなときどうする？　よくある疑問と回答　149

Column

諸外国の消費税率

　消費税の税率で世界最高峰はハンガリーの27%です。ただし、ハンガリーに限らず、よその国では軽減税率を採用している国が多いので、税率だけを比較してみてもあまり意味がありません。また、日本とハンガリーでは課税ベースとなる消費支出額も大きく異なりますので、他国の消費税率は、あくまでも参考数値として認識する必要がありそうです。

　ちなみに、カナダの税率は5%となっていますが、これは日本でいうところの国税（消費税）に相当する税率です。カナダでは連邦税を採用している州が多いので、国税（GST）だけでなく、州税（PST）も認識する必要があるのです。例えば、ブリティッシュコロンビア州では、5%のGSTと7%のPSTが併用されていますので、実際の適用税率は日本よりも高いということになるのです。

　主な国の（標準）税率は次のようになっています。

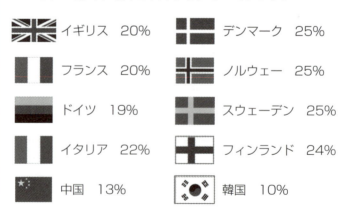

（2021年1月現在　財務省HPより）

第9章

区分記載請求書等
保存方式の再確認

1 「区分記載請求書等保存方式」って何？／152
2 記載事項に不備があった場合／154
3 取引内容の追記／155
4 誤ったレシートを交付した場合／156
5 誤ったレシートを受領した場合／158
6 区分記載請求書等の記載方法／160
7 コードによる表示①／164
8 総称での記載表示／165
9 コードによる表示②／166
10 まとめ記載による表示／167
11 全商品が軽減税率対象品目の場合／168
12 軽減税率対象品目がない場合／169
13 免税事業者の取扱い／170
14 値引きがある場合の表示方法／171
15 一括値引きがある場合の計算方法／172
16 一括値引きがある場合の表示方法①／173
17 一括値引きがある場合の表示方法②／174

「区分記載請求書等 保存方式」って何？

Q51

令和元年10月1日からの軽減税率制度の導入に伴い、帳簿の記載方法と請求書・領収書等のフォームが変わったとのことですが、具体的にどこがどのように変わったのですか？

A 消費税率が単一であれば、請求書や領収書に記載された金額をもとに仕入控除税額を計算することができますが、複数税率の時代になると、税率ごとの支払額がわからなければ税額計算ができません。

そこで、軽減税率対象品目の販売を行った場合には、請求書等に軽減税率対象品目の売買である旨を明記するとともに、取引金額は、税率区分ごとの合計請求（領収）額を記載することが義務付けられました。

旧法では、法定事項が記載された帳簿及び請求書等を保存することが仕入税額控除の要件とされていましたので、軽減税率制度の導入に伴い、帳簿の記載事項と請求書等の記載事項が増加したということです。

日本型インボイス制度（適格請求書等保存方式）は令和

「区分記載請求書等保存方式」って何？　Q51

5年10月1日からの導入が予定されています。

　そこで、インボイス制度を導入するための経過措置として、令和元年10月1日から令和5年9月30日までの期間に限り、旧法の請求書等保存方式に下表の網かけの事項を追加した「区分記載請求書等保存方式」による仕入税額控除を認めることとしたのです。

帳簿の記載事項	請求書等の記載事項
① 仕入先の名称	① 請求書等の発行者の名称
② 取引年月日	② 取引年月日
③ 取引内容	③ 取引内容
軽減税率対象品目である旨	軽減税率対象品目である旨
④ 取引金額（対価の額）	④ 取引金額（対価の額）
	税率区分ごとの合計額
	⑤ 請求書等受領者の名称

第9章／区分記載請求書等保存方式の再確認　153

2 記載事項に不備があった場合

Q52

飲食料品などの軽減税率適用対象物品を仕入れた場合、仕入先が発行する請求書や領収書の記載事項を確認し、必要事項を帳簿に転記する必要がありますが、受領した領収書や請求書に後日記載不備があることに気が付いた場合には、領収書の発行元（販売者）に対し、再発行を求めるべきでしょうか？

A 区分記載請求書等には、「**軽減税率対象品目である旨**」及び「**税率区分ごとの合計請求額**」の記載が義務付けられています。ただし、軽減税率制度の導入は事業者にとっても初めての経験であり、中小零細企業では記載漏れが発生することも十分に考えられます。そこで、<u>新たに記載が義務付けられた項目について記載漏れがあった場合</u>は、請求書等の交付を受けた事業者が事実に基づき追記することが認められています。したがって、記載事項に瑕疵があったとしても、仕入先に再発行を依頼する必要はなく、購入者サイドで記載漏れの事項を追記した請求書等を保存することにより、仕入税額控除の適用を受けることができます。

3 取引内容の追記

Q53

　私は個人で飲食店業を営んでおり、食材として契約農家から農作物を定期的に仕入れています。農家から発行される領収書には、支払年月日と支払金額、生産者（販売者）の名称は記載されているものの、ただし書には何も記載がありません。このような領収書には、仕入れた農作物の適用税率（8%）と作物の種類を記載して保存しておくことで、仕入税額控除は認められますか？

A　領収書のただし書が空欄の場合や「品代」と記載されているような場合には、「取引内容」そのものが記載されていませんので、そもそもの記載要件を具備していないこととなり、結果、追記は認められないこととなるようです。いささか厳しすぎるようですが、国税庁公表資料《事業者の皆様へ（〜区分経理から消費税申告書の作成まで〜）》の２頁にその旨の記載がありますので、ご注意ください。また、白紙の領収書は無論のこと、取引年月日や取引金額の記載が漏れている領収書などについても当然に追記をすることはできませんので、ご注意ください。

第９章／区分記載請求書等保存方式の再確認　155

4 誤ったレシートを交付した場合

Q54

標準税率（10%）が適用される日用品（税抜価格10,000円）について、誤って軽減税率（8%）を適用して10,800円（税込）で販売した場合には、軽減税率（8%）により売上税額を計算することができますか？

A 国税庁公表資料《事業者の皆様へ（～区分経理から消費税申告書の作成まで～）》の8頁では、適用税率を誤った場合の処理方法として、「小売店などにおいて、買い手（顧客）に対して誤った税率に基づいて税込対価を計算したレシートを交付していた場合でも、<u>「取引の事実」に基づく適正な税率で計算して申告する必要があります。</u>」とした上で、適正な税率（10%）により計算した場合の消費税相当額は、下記のように計算することとしています。

10,800 × 10／110 ≒ 981 円

つまり、標準税率（10%）が適用される商品を誤って税込価格10,800円で販売した場合であっても、「10,800円の税込価格を10%の税込価格として計算（申告）しなさい」

ということです。結果、適用税率を誤ったことによる増加税額181円（981円 − 800円）は、事業者が身銭を切って負担することとなるようです。

❖軽減税率対象品を標準税率で販売した場合

前記の国税庁資料には書かれていないのですが、軽減税率が適用される商品を誤って標準税率で販売した場合にも、8％税率で割戻計算をすることになるのでしょうか？例えば、軽減税率が適用される商品（食品：税抜価格10,000円）に、誤って標準税率（10％）を適用して11,000円（税込）で販売していた場合には、適正な税率（8％）により計算した場合の消費税相当額は、下記のように計算するものと思われます。

$11,000 \times 8 / 108 ≒ 814$ 円

結果、適用税率を誤ったことにより減少した消費税相当額186円（1,000円 − 814円）は、事業者が不当利得として収受することになります。

適用税率を誤って不当に消費税相当額を収受した場合には、まずはお客様に対して店内への貼り紙やホームページなどによりその旨お詫びをするとともに、レシートなどを持参したお客様に対しては、2％の消費税相当額を返金することが必要となります。それが、商取引のいわば常識です。

国税庁の資料には、正しい税率による精算という商取引の常識については何も書かれていませんので、事業者に対していらぬ誤解を与える要因になるのではないかと危惧しています。

第9章／区分記載請求書等保存方式の再確認　157

5 誤ったレシートを受領した場合

Q55

軽減税率が適用される商品（食品：税抜価格10,000円）を購入したところ、誤って標準税率（10%）が適用されたことにより、11,000円（税込）で購入していたことが判明した場合には、販売者の適用税率に合わせ、10%税率で仕入控除税額を計算できますか？

11,000円 × 7.8／110 ＝ 780円

A 国税庁公表資料の10頁では、「誤った税率に基づいて税込対価を計算したレシートを受領した場合には、取引先に対して「取引の事実」に基づくレシートの再交付を依頼するといった対応が必要となります」とした上で、適用税率の誤りによる税込対価の額の誤りについては「追記」を認めないこととしています。

適用税率が誤っている場合には、そもそもが区分記載請求書等の記載要件を満たさないこととなるので、買い手側としてはレシートの再発行を受けない限り、仕入税額控除は認められないことになるようです。

いずれにせよ、当初の支払金額と正しい金額との差額については、売り手と買い手の間で精算することになるものと思われますが、国税庁の資料には、代金の精算についてはいっさい触れられていません。

❖適用税率の判定

　飲食料品の譲渡の判定に当たっては、販売する事業者が、人の飲用又は食用に供されるものとして譲渡した場合には、顧客が飲食以外の目的で購入し、使用したとしても軽減税率の適用対象となります。よって、買い手の立場からしてみれば、その商品の税率が8％なのか10％なのかという判断は売り手の意思に委ねられているのであり、買い手の用途により勝手に決めることはできません。

　国税庁の軽減税率Q&A（個別事例編）の問20では、食品添加物として、食品表示法に規定する表示がされている重曹を、食用及び清掃用に使用することができるものとして販売する場合には、たとえ「清掃用に使用することができる」との表示があったとしても軽減税率を適用することとしています。

　では、食品添加物としての表示がない重曹が8％で販売されていた場合には、買い手は売り手から10％税率に基づいて計算したレシートの再交付を受け、差額の2％を追加払いしなければならないのでしょうか？　買い手は商品を購入するたびに、容器のラベルの表示をいちいち確認する義務があるのでしょうか？　このようなことを実務の現場で実行することは、事実上不可能ではないかと思われます。

第9章／区分記載請求書等保存方式の再確認　159

6 区分記載請求書等の記載方法

Q56

区分記載請求書等は、「軽減税率対象品目である旨」及び「税率区分ごとの合計請求額」の記載があれば、どのようなフォームで作成してもよいのでしょうか？

A 区分記載請求書等には、軽減税率対象品目である旨が客観的にわかる程度の記載がされていればよいこととされていますので、個々の取引ごとに適用税率を記載する場合のほか、次の(1)〜(3)のような記載方法によることも認められます（軽減税率Q&A（制度概要編）問13）。

(1) 記号・番号等を使用して軽減税率対象品目を明記する方法
(2) 同一請求書内で、税率ごとに商品を区分する方法
(3) 税率ごとに区分記載請求書を発行する方法

1 記号・番号等を使用した場合の記載例

請　求　書

(株)○○御中　　　　　　　　　　令和○年 11 月 30 日

11 月分　131,200 円（税込）

日付	品　名	金　額
11/1	小麦粉※ ⓐ	5,400 円
11/1	キッチンペーパー	2,200 円
11/2	牛肉※　ⓐ	10,800 円
⋮	⋮	⋮
合　計		131,200 円
ⓑ　10%対象		88,000 円
ⓑ　8%対象		43,200 円

※は軽減税率対象品目 ⓒ

△△商事㈱

ⓐ　軽減税率対象品目には「※」などを記載

ⓑ　税率ごとに合計した税込売上高を記載

ⓒ　「※」が軽減税率対象品目であることを示すことを記載

2 同一請求書内で、税率ごとに商品を区分する場合の記載例

請 求 書

(株)○○御中 　　　　　　　　　令和○年 11 月 30 日

11 月分　131,200 円（税込）

日付	品　名	金　額
11/1	小麦粉	5,400 円
11/2	牛肉	10,800 円
⋮	⋮	⋮
8%対象		43,200 円
11/1	キッチンペーパー	2,200 円
⋮	⋮	⋮
10%対象		88,000 円
合　計		131,200 円

△△商事㈱

区分記載請求書等の記載方法　Q56

3　税率ごとに区分記載請求書を発行する場合の記載例

請　求　書

（軽減税率対象）

㈱○○御中

令和○年 11 月 30 日

11 月分　43,200 円（税込）

日付	品　名	金　額
11/1	小麦粉	5,400 円
11/2	牛肉	10,800 円
⋮	⋮	⋮
合　計		43,200 円

△△商事㈱

請　求　書

㈱○○御中

令和○年 11 月 30 日

11 月分　88,000 円（税込）

日付	品　名	金　額
11/1	キッチンペーパー	2,200 円
11/2	洗剤	1,100 円
⋮	⋮	⋮
合　計		88,000 円

△△商事㈱

第 9 章／区分記載請求書等保存方式の再確認　163

コードによる表示①

Q57

当社は食料品の卸売業を営んでいますが、取引先である小売業者との間では、従来より商品コードを用いて請求書の表示を行っています。令和元年10月以降に発行する請求書については、商品コードを個々の商品名に変更する必要がありますか？

A 区分記載請求書等には、「軽減税率対象品目である旨」を記載することが義務付けられています。

ただし、「白菜01」、「キャベツ02」といったように、当事者間で取り決めた商品コードを請求書等に表示している場合には、仕入先は商品コードにより軽減税率対象品目であるかどうかが判断できますので、あえて個々の商品名を請求書等に表示する必要はありません（軽減税率Q&A（個別事例編）問103）。

```
        請　求　書

01※              ×××
02※              ×××
  ：               ：

※印は軽減税率対象商品
```

8 総称での記載表示

Q58

　当スーパーマーケットのレジは多数の商品登録ができないので、レシートに「野菜」、「精肉」といった商品の総称を表示することとしています。このような表示方法でも、「軽減税率対象品目である旨」を表示したことになりますか？　また、レシートは法定書類として認めてもらえるのでしょうか？

A　区分記載請求書等保存方式における「軽減税率対象品目である旨」の表示義務は、「白菜」、「キャベツ」といった個々の商品名の記載まで要求するものではなく、「税率区分ごとの合計請求額」が記載されていれば、「野菜」、「精肉」といった総称での表示も認められます（軽減税率Q&A（個別事例編）問104）。また、レシートも領収書や請求書と同様に法定書類として認められます。

領　収　書	
野菜※	×　×　×
果実※	×　×　×
⋮	⋮
※印は軽減税率対象商品	

第９章／区分記載請求書等保存方式の再確認　165

9 コードによる 表示②

Q59

Q58 に関連して質問します。当店では商品に部門コードを設定して部門ごとに売上管理をしています。顧客に交付するレシートには部門コードが印字されるので、「野菜」、「精肉」といったような商品名は表示されません。このようなレシートであっても、「税率区分ごとの合計請求額」が記載されていれば、区分記載請求書として認められますか？

A 区分記載請求書等には、軽減税率対象品目である旨を記載することが要件とされています。

したがって、<u>不特定多数を相手に発行する領収書は、**Q57** のように当事者間で取り決めた商品コードを表示した請求書とは異なるものであり、軽減税率対象品目が記載されていることにはなりません</u>（軽減税率 Q&A（個別事例編）問 104）。

```
          領 収 書

部門 01※           ×××
部門 02※           ×××
   ⋮               ⋮

※印は軽減税率対象商品
```

10 まとめ記載による表示

Q60

当社は食料品の卸売業を営んでいますが、日々の納品書には販売商品の名称を個別に記載しているものの、月ごとに発行する請求書には、毎月21日から翌月20日までの取引について、まとめて記載をしています。このような請求書であっても、区分記載請求書等として認められますか？

A　「軽減税率対象品目である旨」の表示については、野菜や果物といったような商品のグループごとに、一定期間分のまとめ記載が認められているようです。

　ただし、請求書に日々の取引明細が添付されていることが要件となります（軽減税率Q&A（個別事例編）問105）。

```
        請　求　書

   ○月21日～○月20日

  野菜※          ×××
  果実※          ×××
   ⋮             ⋮
   ※印は軽減税率対象商品
```

第9章／区分記載請求書等保存方式の再確認　167

11 全商品が軽減税率対象品目の場合

Q61

当店（青果店）の取扱商品はすべてが食料品で、雑貨などの標準税率適用対象品目はありません。このような場合には、軽減税率対象品目の売買である旨を請求書等に書かなくてもよいですか？

A 標準税率適用対象品目がない場合であっても、区分記載請求書等には、軽減税率適用対象品目である旨の記載が義務付けられています（軽減税率Q&A（個別事例編）問112）。

なお、軽減税率適用対象品目である旨の記載がない請求書等を受け取った事業者は、その旨を追記することにより、法定事項が記載された書類として取り扱うことが認められています（**Q52**参照）。

12 軽減税率対象品目がない場合

Q62

当店（小間物屋）の取扱商品はすべてが雑貨などの標準税率対象品目で、軽減税率が適用される飲食料品などは一切取り扱っておりません。このような場合でも、令和元年10月以降に発行する領収書や請求書には、「8％対象　￥0」といったような記載が必要となるのでしょうか？

A 令和元年10月以降に発行する区分記載請求書に追記が義務付けられたのは、「**軽減税率対象品目である旨**」と「**税率区分ごとの合計額**」です。

したがって、ご質問のように軽減税率対象品目をまったく取り扱っていない場合には、「軽減税率対象品目である旨」の記載は必要ありません。書類に記載されている請求（領収）金額はすべて標準税率が適用されるものなので、あえて「8％対象　￥0」とか「10％対象　￥××」と記載する必要もありません（軽減税率Q&A（個別事例編）問113）。

第9章／区分記載請求書等保存方式の再確認　169

13 免税事業者の取扱い

Q63

当店は消費税の免税事業者ですが、令和元年10月以降に発行する請求書等には、軽減税率対象品目の売買である旨の明記と税率区分ごとの合計請求（領収）額を記載する必要がありますか？

A 区分記載請求書等の記載事項は、あくまでも仕入税額控除の要件であり、売り手に義務付けられたものではありません。ただし、令和5年9月30日までの間は、免税事業者からの仕入れであっても仕入税額控除の計算に織り込むことができますので、取引先は、受領する請求書等に軽減税率対象品目の売買である旨の明記と税率区分ごとの合計請求（領収）額が記載されていなければ、仕入税額控除は認められないことになります。したがって、売り手についての義務ではありませんが、買い手から法定事項が記載された請求書等の発行を要求されることなども想定した上で、レシートや領収書への軽減税率対象品目と取引金額の記載を検討する必要があるものと思われます（軽減税率Q&A（個別事例編）問111）。

値引きがある場合の表示方法

Q64

当店では、食料品に限定して税込価格の5％還元セールを実施しました。雑貨3,300円（税込）と牛肉2,160円（税込）を販売した場合の区分記載請求書の表示方法はどうなるのでしょうか？

A 値引きがある場合、区分記載請求書には税率区分ごとの値引き後の売上高を表示する必要があります（軽減税率Q&A（個別事例編）問118）。

```
          領 収 書

牛肉※              ¥2,160
値引                ¥108
    （8％合計      ¥2,052)
雑貨                ¥3,300
    （10％合計     ¥3,300)
合計                ¥5,352

※印は軽減税率対象商品
```

第9章／区分記載請求書等保存方式の再確認　171

一括値引きがある場合の計算方法

Q65

当店では、雑貨 3,300 円（税込）と牛肉 2,160 円（税込）を販売する際に、1,000 円の割引券の提示を受けました。それぞれの商品の値引額と値引き後の売上高はどのように計算したらよいですか？

A 割引券等による**一括値引き**をした場合において、適用税率ごとの値引額が明らかでないときは、**値引き前の価額によりあん分計算をします**（軽減税率 Q&A（個別事例編）問 118）。

(1) 雑貨（10%対象）の売上高

$$1,000 \times \frac{3,300}{3,300 + 2,160} \fallingdotseq 604 \cdots 値引額$$

$3,300 - 604 = 2,696 \cdots$ 値引き後の売上高

(2) 牛肉（8%対象）の売上高

$$1,000 \times \frac{2,160}{3,300 + 2,160} \fallingdotseq 396 \cdots 値引額$$

$2,160 - 396 = 1,764 \cdots$ 値引き後の売上高

16 一括値引きがある場合の表示方法①

Q66

一括値引きがある場合の区分記載請求書の表示方法について、**Q65** の取引を例に説明してください。

A 区分記載請求書には、値引き後の適用税率ごとの売上高を表示する必要がありますので、表示方法としては、例えば次のようなものがあります（軽減税率Q&A（個別事例編）問118）。

```
          領 収 書
牛肉※           ¥2,160
雑貨             ¥3,300
小計             ¥5,460

値引             ¥1,000
合計             ¥4,460
      (10％対象 ¥2,696)
      (8％対象  ¥1,764)
  ※印は軽減税率対象商品
```

一括値引きがある場合の表示方法②

Q67

Q65 の例において、適用税率ごとの値引額を表示することにより値引き後の売上高の記載を省略することはできますか？

A 軽減税率Q&A（個別事例編）問118によれば、次のような表示も認められるようです。

```
         領  収  書

牛肉※              ￥2,160
雑貨                ￥3,300
小計                ￥5,460
  （10％対象 ￥3,300）
  （8％対象  ￥2,160）

値引                ￥1,000
  （10％対象   ￥604）
  （8％対象    ￥396）

合計                ￥4,460
  ※印は軽減税率対象商品
```

索　引

あ

移出課税制度 4
委託販売 .... 78、98
一括値引き 172
インボイス 6
インボイスが不要なケース
.... 90
インボイスの記載事項
.... 60、64
インボイスの交付免除 80
インボイスの修正 76
インボイスの導入時期 10
インボイスの登録申請 18
インボイスの発行 32
インボイスのひな型 63
インボイスの保存義務 84
売上税 74
売上げに係る対価の返還等 ... 70
益税 7

か

会計処理 .... 126、127

瑕疵がある請求書等 ... 15、154
家事共用資産 .... 118、120
課税事業者 24
課税事業者選択届出書
.... 27、33、36
課税事業者選択不適用届出書
.... 37
簡易インボイス .... 8、66
簡易課税 .... 29、38
簡易課税制度選択届出書 38
記号・番号 .... 14、160
記載事項の不備 ... 15、76、154
偽造インボイス 85
共同計算方式 95
共有物の譲渡 121
漁業協同組合 94
区分記載請求書等の記載事項
.... 15、160
区分記載請求書等保存方式
.... 12、152
軽減税率対象品目である旨
.... 12、154、169
軽減対象課税資産の譲渡等
に係るものである旨 88
控除対象外消費税額等 128

175

小売課税制度 ……………… 4
国外事業者申告納税方式 ….. 52
国際電子商取引 ……………… 52
古物商 ……………………… 119
困難な事情 ………………… 35

さ

3万円基準 ………………… 80
仕入計算書 ………………… 92
仕入税額控除 ……………… 88
仕入明細書 ………………… 92
事業者向け電気通信利用
　役務の提供 ……………… 52
酒税 ………………………… 100
受託販売 …………………… 78
消化仕入れ ………………… 92
消費税のしくみ …………… 2
商品コード ………… 164、166
諸外国の消費税率 ………… 150
新経理通達 ………………… 130
税額の計算方法 …………… 102
請求書等受領者の名称 …… 66
請求書等積上方式 ………… 105
税抜経理方式 ……………… 126
税率ごとの税込取引金額 …… 12
総額表示義務 ……………… 86
総額割戻方式 ……………… 103

総称 ………………… 14、165

た

代理交付 ………… 78、98
多段階課税 ………………… 4
立替金 ……………………… 122
単段階課税 ………………… 4
帳簿積上方式 ……………… 106
帳簿の保存義務 …………… 88
直売 ………………………… 97
追記 ………………… 15、155
積上方式 …………………… 102
適格簡易請求書 ………… 8、66
適格請求書等積上方式 …… 104
適格請求書発行事業者 …… 18
適格請求書発行事業者が
　死亡した場合 …………… 47
適格請求書発行事業者登録
　制度 ……………… 20、24
適格請求書発行事業者登録簿
　……………………… 40
適格請求書発行事業者登録簿
　の登載事項変更届出書 ….. 42
適格請求書発行事業者の
　義務 …………………… 76
適格請求書発行事業者の
　死亡届出書 …………… 50

適格請求書発行事業者の
　登録申請書 ……………… 21、34
適格請求書発行事業者の
　登録の取消しを求める
　旨の届出書 ………… 37、113
適格請求書類似書類等 ……… 85
適格返還請求書 ……………… 70
適用税率の誤り ……… 156、158
電気通信利用役務の提供 …… 52
電子インボイス ……………… 82
電磁的記録 …………………… 82
登録国外事業者 ……………… 51
登録国外事業者名簿 ………… 51
登録事項の変更 ……………… 40
登録申請 ……………………… 18
登録の効力 …………… 44、46
登録の取消し ………… 111、114
登録番号 ……………… 56、58
特定期間 ……………………… 34
特定国外事業者 ……………… 41

な

任意組合等 …………………… 144
値引き ………………… 70、171
農協特例 ……………… 94、98

は

媒介者交付特例 ………… 78、98
端数処理 ……………………… 61
販売奨励金 …………………… 70
物品税 ………………… 4、23
富裕税 ………………………… 143
返品 …………………………… 70

ま

まとめ記載 …………………… 167
みなし登録期間 ……………… 48
無条件委託方式 ……………… 95
免税事業者 …………… 26、28、
　　　　　33、36、38、86、170
免税事業者に係る経過措置… 30
免税事業者の登録申請 ……… 33

や・ら・わ

家賃 …………………………… 124
リバースチャージ方式 ……… 52
割戻し ………………………… 70
割戻方式 ……………………… 102

177

【著者略歴】

熊王　征秀（くまおう・まさひで）

昭和37年	山梨県出身
昭和59年	学校法人大原学園に税理士科物品税法の講師として入社し、在職中に酒税法、消費税法の講座を創設
平成4年	同校を退職し、会計事務所勤務。同年税理士試験合格
平成6年	税理士登録
平成9年	独立開業

現在

東京税理士会会員相談室委員

東京税理士会調査研究部委員

東京地方税理士会税法研究所研究員

日本税務会計学会委員

大原大学院大学教授

＜著　書＞

・『消費税　軽減税率・インボイス　対応マニュアル』（日本法令）

・『消費税率引上げ・軽減税率・インボイス＜業種別＞対応ハンドブック』（日本法令・共著）

・『不動産の取得・賃貸・譲渡・承継の消費税実務』（清文社）

・『クマオーの基礎からわかる消費税』（清文社）

・『消費税法講義録』（中央経済社）

・『消費税トラブルの傾向と対策』（ぎょうせい）

・『クマオーの消費税トラブルバスターⅠ・Ⅱ』（ぎょうせい）

・『タダではすまない！　消費税ミス事例集』（大蔵財務協会）

・『再確認！　自分でチェックしておきたい消費税の実務』（大蔵財務協会）

・『消費税の納税義務者と仕入税額控除』（税務経理協会）

・『10％対応　消費税の軽減税率と日本型インボイス制度』（税務研究会）

・『8％対応　改正消費税のポイントとその実務』（税務研究会）

・『消費税の還付請求手続完全ガイド』（税務研究会）

・『すぐに役立つ　消費税の実務Q&A』（税務研究会）

Q&Aでよくわかる
消費税 インボイス対応 要点ナビ　　令和3年7月14日　初版発行

検印省略

 日本法令®

著　者　熊　王　征　秀
発行者　青　木　健　次
編集者　岩　倉　春　光
印刷所　日本ハイコム
製本所　国　宝　社

〒101-0032
東京都千代田区岩本町1丁目2番19号
https://www.horei.co.jp/

（営　業）　TEL　03-6858-6967　　Eメール　syuppan@horei.co.jp
（通　販）　TEL　03-6858-6966　　Eメール　book.order@horei.co.jp
（編　集）　FAX　03-6858-6957　　Eメール　tankoubon@horei.co.jp

（バーチャルショップ）　　https://www.horei.co.jp/iec/
（お詫びと訂正）　　　　　https://www.horei.co.jp/book/owabi.shtml
（書籍の追加情報）　　　　https://www.horei.co.jp/book/osirasebook.shtml

※万一、本書の内容に誤記等が判明した場合には、上記「お詫びと訂正」に最新情報を掲載しております。ホームページに掲載されていない内容につきましては、FAXまたはEメールで編集までお問合せください。

・乱丁、落丁本は直接弊社出版部へお送りくださればお取替えいたします。
・JCOPY〈出版者著作権管理機構 委託出版物〉
　本書の無断複製は著作権法上での例外を除き禁じられています。複製される場合は、そのつど事前に、出版者著作権管理機構（電話 03-5244-5088、FAX 03-5244-5089、e-mail: info@jcopy.or.jp）の許諾を得てください。また、本書を代行業者等の第三者に依頼してスキャンやデジタル化することは、たとえ個人や家庭内での利用であっても一切認められておりません。

© M.Kumaou 2021. Printed in JAPAN
ISBN 978-4-539-72838-3

書籍のご案内

法人税 損失計上マニュアル

税理士 小林磨寿美【著】

A5判　276頁　定価2,420円（税込）

さまざまな損失計上＝損金算入のパターンとその適正手続を解説し、税務否認を未然に防止していくためのポイントを提示！

- 第1章　税務における損失計上の基礎知識
- 第2章　棚卸資産
- 第3章　固定資産
- 第4章　有価証券
- 第5章　金銭債権と貸倒れ
- 第6章　災害及び再生と損失
- 第7章　その他の損失
- 第8章　欠損金の繰越し・繰戻し
- 第9章　申告・納付における留意点（コロナ・災害）

書籍のご注文は大型書店、Web書店または株式会社日本法令　特販課通信販売係まで
Tel：03-6858-6966　Fax：03-3862-5045

書籍のご案内

会社の廃業をめぐる法務と税務

弁護士 三森 仁・弁護士 髙杉 信匡・弁護士 萩原 佳孝・弁護士 吉田 和雅
公認会計士・税理士 植木 康彦・税理士 樽林 一典・税理士 内藤 敦之【共著】

B5判・408頁・定価 3,850円(税込)

コロナ大不況で現実化する廃業・解散の実務を徹底解説!

◆廃業のスキームと各種手続のメリット・デメリットを確認
◆法的整理・私的整理と事業承継廃業の実務手法を提示
◆解散・清算の税務と設例による申告書記載方法を詳解

<目 次>
第1章 廃業のスキーム
第2章 廃業の法的手続
第3章 廃業の税務

書籍のご注文は大型書店、Web書店または株式会社日本法令 特販課通信販売係まで
Tel：03-6858-6966 Fax：03-3862-5045

税界の情報をいちはやく、漏れなくお届け！

日本法令 税理士情報サイト
(www.horei.co.jp/zjs)

世に溢れる多くの情報の中から、税理士及び業界人が知っておきたい情報のみ、厳選して毎日お届けします！

- ●官庁情報──国税庁をはじめとした官庁から公表される通達、Q＆A、パンフレット等の情報
- ●官報情報──官報に掲載される法律、施行令、施行規則、告示等
- ●注目判決・裁決例──最新の税務関係判決・裁決事例
- ●税の事件簿──脱税・申告漏れ事案をはじめとした税界関連ニュース
- ●税務関連商品──弊社発刊の税務関連書籍のほか、関連商品の紹介

税理士情報サイト 検索

メールマガジン「**税界ダイジェスト**」もご利用ください。

配信をご希望の方は
sjs-z@horei.co.jp
までご連絡下さい

■税理士情報サイトに関するお問い合せは、日本法令 会員係　電話：03-6858-6965　E-mail sjs-z@horei.co.jp　まで